最新 介護職員等処遇改善加算を最大限活用する評価・賃金制度設計の実務

小濱 道博／藤原 英理 共著

日本法令

は じ め に

　訪問介護サービスの倒産件数は増加傾向にあり、2023年には67件、2024年は81件に達して前年を上回りました。また、廃業は448件と過去最多を記録しました。介護業界でも、特に訪問介護事業者の倒産・廃業が目立ちます。人手不足や競争激化が要因とされ、訪問介護職員の有効求人倍率は15倍を超えました。人材確保が困難な状況にある状況が続いています。

　しかし、厚生労働省の調査では、訪問介護事業所数は増加傾向にあり、令和元年の3万4,825事業所から令和5年には3万6,905事業所に増えました。倒産が増加しても、全体の事業所数は増加していて、競争の激化と職員確保の難しさによって淘汰が進んでいると考えられます。

　2024年6月に開始された介護職員等処遇改善加算の算定率は訪問介護サービスで特に低く、未算定が21％、下位区分（区分ⅢまたはⅣ）が52％と報告されています。求職者は賃金を重視する傾向が強まり、処遇改善加算を活用できない事業所は人材確保が難しく、廃業に追い込まれています。生産性向上と人材確保が緊急の課題となっています。

　2025年度からの新たな「職場環境等要件」には生産性向上への取組みが求められますが、特例を活用して実施を誓約すれば2025年度中の上位区分の算定が認められます。「キャリアパス要件Ⅲ」も、2025年度も引き続き、誓約による対応が認められます。いま、国は処遇改善加算の算定率向上を目指して、算定要件の簡略化を進めています。

　今後は、生産性向上への対応が主な受給要件となることから、介護現場の業務効率化が急務となりました。生産性向上というと、ICT化が重要視されがちですが、高価な介護ロボットではなく、業務の見直しによる効率化が本質的な目的です。ICT技術を活用するだけでなく、業務プロセスの標準化と現場職員の意見を反映した仕組みづくりが求められるのです。

　この書籍から、介護施設、介護事業者の適切な加算算定を進め、さらに上位区分の算定を実現していただきたいと願っております。

　最後になりますが、本書の制作にあたり、社会福祉法人江寿会様、社会福祉法人自靖会様、株式会社トーリツ様をはじめ、多くの介護事業所の皆様に資料提供においてご協力を賜りました。この場を借りてお礼申し上げます。

2025年1月　著者

CONTENTS

第1章 2024年度介護報酬改定による変更点

Ⅰ 介護職員等処遇改善加算における変更内容 ……… 12
　Ⅰ-① 新加算は多くの問題を抱えている　12
　　Ⅰ-①-1 問題点① 年収440万円ルールが残り、月額8万円昇給ルールは2024年度で廃止　12
　　Ⅰ-①-2 問題点② 旧処遇改善加算の区分Ⅲの要件を満たしても新加算を算定できない　14
　　Ⅰ-①-3 問題点③ 最上位区分の加算算定のハードルが高く小規模事業者では生かしきれない　14
　Ⅰ-② 新加算の算定ポイント　15
　Ⅰ-③ 改善後の賃金額水準に関するルールが緩和　16
　Ⅰ-④ 賃金改善方法は月額重視　17
　Ⅰ-⑤ 職場環境等要件では生産性向上を重視　17
Ⅱ 介護職員等処遇改善加算を算定するための3要件 ……… 19
　Ⅱ-① キャリアパス要件　19
　Ⅱ-② 月額賃金の改善要件　21
　　Ⅱ-②-1 賃金改善の実施に係る基本的な考え方　21
　　Ⅱ-②-2 2025年度のさらなるベースアップにつなげるための工夫　22
　Ⅱ-③ 職場環境等要件　23
Ⅲ キャリアパス要件の詳細解説 ……… 25
　Ⅲ-① キャリアパス要件Ⅰ（任用要件・賃金体系の整備等）　27
　Ⅲ-② キャリアパス要件Ⅱ（研修の実施等）　28
　Ⅲ-③ キャリアパス要件Ⅲ（昇給の仕組みの整備等）　29

Ⅲ－④　キャリアパス要件Ⅳ（改善後の年額賃金要件）　30
　　Ⅲ－⑤　キャリアパス要件Ⅴ（介護福祉士等の配置要件）　31
　Ⅳ　月額賃金の改善要件の詳細解説 ……………………………… 32
　　Ⅳ－①　月額賃金改善要件Ⅰ（月給による賃金改善）※ 2025 年度から適用　32
　　Ⅳ－②　月額賃金改善要件Ⅱ（旧ベースアップ等加算相当の賃金改善）　33
　Ⅴ　職場環境等要件（2025 年度以降）の詳細解説 ………… 34
　　Ⅴ－①　業務効率化や職場改善による介護職員の負担軽減とサービスの質向上の両立を目的としている　34
　　Ⅴ－②　新加算ⅠまたはⅡを算定する場合　36
　　Ⅴ－③　新加算ⅢまたはⅣを算定する場合　38
　　Ⅴ－④　職場環境等要件の特例措置　38
　　Ⅴ－⑤　2024 年度の経過措置　38
　Ⅵ　2025 年度介護職員等処遇改善加算における特例措置 …… 39
　　Ⅵ－①　さらなる賃上げ等を支援するための補助金　39
　　　Ⅵ－①－１　背景　39
　　　Ⅵ－①－２　支給要件等　40
　　　Ⅵ－①－３　補助金の受給手順　42
　　Ⅵ－②　さらなる処遇改善加算の取得促進のための要件弾力化と申請様式の簡素化　43
　　　Ⅵ－②－１　背景　43
　　　Ⅵ－②－２　キャリアパス要件の弾力化　45
　　　Ⅵ－②－３　職場環境等要件の弾力化　48
　　　Ⅵ－②－４　申請様式の簡素化　49

第2章　介護職員等処遇改善加算を算定するための人事制度を考える

　Ⅰ　人事制度を考える上で考慮すべき事項 ……………………… 52
　　Ⅰ－①　介護業界の特性　52

Ⅰ-①-1　上限が決まっている介護報酬の範囲内で職員に報いるた
　　　　　　　め処遇改善加算の算定は必須　52
　　　Ⅰ-①-2　職員確保における厳しい現実　53
　　　Ⅰ-①-3　職種、サービスの種類の多さゆえ人事制度が複雑になり
　　　　　　　やすい　55
　　Ⅰ-②　留意すべき労働関係法令　56
　　　Ⅰ-②-1　労働時間、休日・休暇　56
　　　Ⅰ-②-2　同一労働同一賃金　58
　　　Ⅰ-②-3　最低賃金　67
　　Ⅰ-③　新加算の要件を再度確認する　69
Ⅱ　介護事業所の人事制度の全体像　………………………………　71
Ⅲ　シンプルなキャリアパスの作成手順(小規模事業所向け)…　76
　　Ⅲ-①　事業所の職員のカテゴリー分類を行う　77
　　Ⅲ-②　キャリアパス要件を満たすための要件を順番に考える　77
　　　Ⅲ-②-1　任用要件　77
　　　Ⅲ-②-2　賃金要件　77
　　　Ⅲ-②-3　昇給・昇格要件　78
　　　Ⅲ-②-4　新制度へ職員を移行させた場合の運用を検討する　78
Ⅳ　等級要件の策定　……………………………………………………　81
　　Ⅳ-①　階層の決定　81
　　　Ⅳ-①-1　直線なのか、複線なのか　81
　　　Ⅳ-①-2　階層はいくつ必要なのか　82
　　Ⅳ-②　等級要件表（キャリアパス表）の中身をつくる　83
　　　Ⅳ-②-1　各等級のイメージ　83
　　　Ⅳ-②-2　事業所が求める能力、仕事　83
　　Ⅳ-③　等級要件表（キャリアパス表）の改定　84
　　　Ⅳ-③-1　キャリアパスが形骸化し、運用がうまくいかなく
　　　　　　　なったら　84
　　　Ⅳ-③-2　問題点を見つけて、再度キャリアパスを策定する　86
　　Ⅳ-④　生成AIの力を借りて等級要件表を策定する　87

Ⅳ-④-1　たたき台を作るのは生成AIの得意分野　87
　　Ⅳ-④-2　どのように応用していくかは介護事業所で考える　88
Ⅴ　賃金制度の策定 ……………………………………………… 91
　Ⅴ-①　賃金改定のために事前に準備するデータ　91
　Ⅴ-②　月額賃金に割り振れる金額を想定する　92
　Ⅴ-③　処理改善加算の対象にならない事業所における対応を
　　　　考える　93
　Ⅴ-④　賃金の組換えのステップ　94
　　Ⅴ-④-1　現状分析を行う　94
　　Ⅴ-④-2　ヒアリング（介護事業所の方向性の決定）　96
　　Ⅴ-④-3　等級要件表（キャリアパス表）の確認　96
　　Ⅴ-④-4　賃金体系の検討（手当を見直す）　97
　　Ⅴ-④-5　各等級の基本給レンジの決定　100
　　Ⅴ-④-6　昇降給、昇降格要件の決定　104
　　Ⅴ-④-7　全職員の移行データを作成する　105
Ⅵ　新人事制度の運用にあたって ……………………………… 106
　Ⅵ-①　新人事制度を運用するために必要な準備　106
　　Ⅵ-①-1　就業規則、賃金規程、人事考課規程等の作成（もしくは
　　　　　　変更）　106
　　Ⅵ-①-2　職員向け説明会の実施　107
　　Ⅵ-①-3　労働条件変更通知書等の交付　108
　Ⅵ-②　より良い事業所にしていくために　108

第3章　介護職員等処遇改善加算を算定するための評価制度を策定する

Ⅰ　評価制度導入にあたっての留意点 ………………………… 110
　Ⅰ-①　評価制度の導入を前向きに捉えてもらえるよう意義、目的
　　　　を職員に伝える　110
　Ⅰ-②　評価者の目線合わせなど、制度を運用するための体制づく
　　　　りも必要　111

Ⅱ　評価制度導入の枠組み……………………………………… 112
Ⅲ　評価の目的に合わせて評価項目を決定する …………… 113
　Ⅲ－①　各等級の職員に事業所が求めるあるべき姿、行動を伝えて
　　　　　いきたい場合　113
　Ⅲ－②　等級要件表に沿って評価を行う場合　120
　Ⅲ－③　技術（介護スキル、マネジメントスキル等）を評価したい
　　　　　場合　126
　Ⅲ－④　目標の達成実績を評価に取り入れたい場合　127
Ⅳ　部署や職種、等級の数から作成する評価表の枚数を決める … 129
　Ⅳ－①　キャリアパスの階層を考えて評価表がカバーする領域を
　　　　　決める　129
　Ⅳ－②　職種別の評価表はどこまで作成すればよいか　131
Ⅴ　評価結果を何に連動させるのかを決める ……………… 133
　Ⅴ－①　評価結果は処遇に連動させるのが一般的　133
　Ⅴ－②　処遇に連動させるのが難しい場合は教育、研修の一環とし
　　　　　て導入する　134
Ⅵ　評価体制・スケジュールを決める ………………………… 135
　Ⅵ－①　評価体制を決める　135
　　Ⅵ－①－1　被評価者と評価者のバランスを考えて評価体制をつくる　135
　　Ⅵ－①－2　評価者研修を実施する　136
　Ⅵ－②　評価スケジュールを決める　137
　　Ⅵ－②－1　評価制度の流れを確認する　137
　　Ⅵ－②－2　介護事業所における評価スケジュールの考え方　139
　　Ⅵ－②－3　評価期間を決める　140
　　Ⅵ－②－4　処遇に反映するタイミングを決定する　140
　　Ⅵ－②－5　評価表の配付時期や面談の実施時期を決める　141
Ⅶ　評価制度の構築フロー ……………………………………… 142
　Ⅶ－①　評価表の形式を確定する　143
　Ⅶ－②　項目ごとに点数の基準を決める　143
　Ⅶ－③　仮評価を行い、評価表の妥当性を見る　150

第4章 評価結果を処遇に反映する

Ⅰ　はじめに ………………………………………………………… 154
Ⅱ　評価点を評語化する …………………………………………… 155
Ⅲ　評価結果を昇給、降給に反映する …………………………… 157
　Ⅲ-①　予算に合わせて昇給幅を変動できるようにしておく　157
　Ⅲ-②　各等級の号俸には上限を設ける　158
　Ⅲ-③　降給に反映する場合の留意点　159
Ⅳ　評価を賞与へ反映させる ……………………………………… 160
　Ⅳ-①　原資は予算（介護事業所の今年度決算）の予測値から割り出せるようにし、処遇改善加算を含めた配分を考える　160
　Ⅳ-②　評価結果を賞与係数に反映する方法　161
　Ⅳ-③　評価をポイントで反映する方法（ポイント制賞与）　162
Ⅴ　評価を昇格・降格に反映させる ……………………………… 165

第5章 非正規職員のキャリアパスを策定する

Ⅰ　はじめに ………………………………………………………… 168
　Ⅰ-①　ほぼフルタイムで勤務する非正規職員の扱い　168
　Ⅰ-②　正職員に支給されている手当等の扱い　169
Ⅱ　簡易なキャリアパスを策定する場合 ………………………… 170
　Ⅱ-①　保有資格と連動させるキャリアパス　170
　Ⅱ-②　経験年数、勤続年数と連動させるキャリアパス　171
　　Ⅱ-②-1　最低賃金の上昇が続き事実上キャリアパスが崩壊しているケースが増加　171
　　Ⅱ-②-2　勤続年数や最低賃金の額に応じて各人の昇給幅が決まるキャリアパスへと見直す　172
　　Ⅱ-②-3　昇給原資には処遇改善加算を使用するべき　173
　Ⅱ-③　評価によるキャリアパス　173

Ⅲ　同一労働同一賃金を勘案したキャリアパスを策定する場合
　　（中、大規模事業所向き） ………………………………………… 175
　Ⅳ　登録型訪問介護ヘルパーのキャリアパス ……………… 177
　　Ⅳ−①　登録型訪問介護ヘルパーの出来高給の賃金表に資格手当を
　　　　　上乗せ、または内包する場合　177
　　Ⅳ−②　賞与、一時金等で等級別階段を作る場合　178
　　Ⅳ−③　簡単な評価表を作成してキャリアパスに応用する場合　179

第6章　現行制度の課題別賃金制度改定の実務

　Ⅰ　はじめに ……………………………………………………………… 184
　Ⅱ　諸手当の数が多く基本給が圧迫され、採用競争力に問題が
　　あるＡ法人 ……………………………………………………………… 185
　　Ⅱ−①　Ａ法人の課題　185
　　Ⅱ−②　資料を整理して現状分析データを整える　185
　　Ⅱ−③　現状分析データから読み取った内容に基づき、ヒアリング
　　　　　ポイントをまとめる　186
　　Ⅱ−④　ヒアリングを行い、法人の方向性を決める　186
　　Ⅱ−⑤　等級要件表の作成・確認　191
　　Ⅱ−⑥　新しい賃金体系の検討　191
　　　Ⅱ−⑥−1　正職員　191
　　　Ⅱ−⑥−2　非正規職員　192
　　Ⅱ−⑦　各等級の基本給レンジを決定する　193
　　Ⅱ−⑧　昇降給、昇降格要件等を決定する　195
　　Ⅱ−⑨　全職員の移行について　196
　Ⅲ　旧加算で介護職を優遇した結果、介護職の賞与だけが膨れ
　　上がっているＢ株式会社 …………………………………………… 201
　　Ⅲ−①　Ｂ株式会社の課題　201
　　Ⅲ−②　現状分析　202
　　Ⅲ−③　ヒアリング　204

Ⅲ-④　等級要件表の確認　206
　　Ⅲ-⑤　賃金体系の検討　206
　　Ⅲ-⑥　基本給レンジの決定と移行後の効果　208
Ⅳ　赤字体質の社会福祉法人C ……………………………… 209
　　Ⅳ-①　はじめに　209
　　Ⅳ-②　現状分析　209
　　Ⅳ-③　ヒアリング　210
　　Ⅳ-④　実際のプロジェクトの動き　212
　　　Ⅳ-④-1　法人理事会への説明　212
　　　Ⅳ-④-2　今後のプロトコールとは　213
　　　Ⅳ-④-3　職員向け説明会実施（第1弾）　213
　　　Ⅳ-④-4　職員向け説明会実施（第2弾）　214
　　　Ⅳ-④-5　制度改定実施　217
　　Ⅳ-⑤　プロジェクト実行の結果　223
　　　Ⅳ-⑤-1　賞与体系の変化　223
　　　Ⅳ-⑤-2　キャリアパスの運用と各等級の上限金額設定　224
　　　Ⅳ-⑤-3　キャリアパスへの資格要件導入　224

第7章　職場環境等要件を満たすための「生産性向上」の進め方

Ⅰ　「生産性向上」に関する介護事業者の誤解 ……………… 226
Ⅱ　職場環境等要件としての生産性向上は難しくない ……… 228
　　Ⅱ-①　職場環境等要件として求めているのは7つの業務改善　228
　　Ⅱ-②　業務改善行動と職場環境等要件の関係　229
Ⅲ　5S活動による生産性向上の進め方 ……………………… 232
　　Ⅲ-①　生産性向上委員会を編成して現場の課題解決に必要なことを見極める　232
　　Ⅲ-②　トップが率先して生産性向上に取り組む　232
　　Ⅲ-③　現場の課題を見える化する　233
　　Ⅲ-④　実行計画を立てる　236

Ⅲ－⑤　改善行動に取り組む　237
　　Ⅲ－⑤－1　取り組むための準備をする　237
　　Ⅲ－⑤－2　整理＝徹底して捨てる　238
　　Ⅲ－⑤－3　整頓＝使いやすさを追求する　240
　　Ⅲ－⑤－4　清掃＝使いたいものがすぐに正しく使えるようにする　241
　　Ⅲ－⑤－5　清潔＝小さな乱れもわかるように維持する　242
　　Ⅲ－⑤－6　躾＝習慣化する　242
　　Ⅲ－⑤－7　その他　243
　Ⅲ－⑥　「職員が楽になった実感」を重ねるとICT化は成功する　243
Ⅳ　ICT化による生産性向上の進め方　245
　Ⅳ－①　ICT化が進まない理由と職員の高齢化の原因　245
　Ⅳ－②　介護ロボットや見守りセンサーだけがICT化ではない　247
　　Ⅳ－②－1　ICレコーダー×生成AIによる文字起こし　247
　　Ⅳ－②－2　電話のAI代行サービス　248
　　Ⅳ－②－3　バイタル測定器　248
　Ⅳ－④　ICT化のプロセス　249
　Ⅳ－⑤　厚生労働省が生産性向上を進める理由　249
　　Ⅳ－⑤－1　介護人材の不足と電子申請への移行　249
　　Ⅳ－⑤－2　介護情報基盤の整備　251

　本書に収録されている図表のうち、★マークが付いているものは日本法令ホームページよりデータをダウンロードして利用することができます。
　ダウンロード方法等の詳細については、巻末でご案内しておりますので、そちらも併せてご覧ください。

第 1 章

2024 年度
介護報酬改定による変更点

Ⅰ 介護職員等処遇改善加算における変更内容

■ Ⅰ-① 新加算は多くの問題を抱えている

　2024年6月から、従来の3つの加算（介護職員処遇改善加算、介護職員等特定処遇改善加算、介護職員等ベースアップ等支援加算。以下、「旧加算」「旧特定加算」「旧ベースアップ等加算」。総称して「旧3加算」ともいう）が廃止となり、介護職員等処遇改善加算（以下、「新加算」ともいう）に一本化されました。ただし、新加算の3要件（キャリアパス要件、月額賃金の改善要件、職場環境等要件。各要件の詳細は後述Ⅱ～Ⅴを参照）をクリアできない場合の特例措置として、2024年度末（2025年3月）までは、区分Ⅴ⑴～⑭が設けられました。

　しかし、現場サイドでは混乱が拡大した感が強いのも事実です。新加算に移行後、すぐに賃金規程等の整備や配分の決定ができず、区分Ⅴを選択して時間を稼いだり、要件を満たすとの誓約をして上位加算を取ったりして、この先の事務処理への不安を抱えながら対応をしているのが現状です。

　このため、2025年度は特例処置が講じられることとなりました（詳細はⅥ-②参照）が、その内容を理解するためには新加算の要件を把握しておく必要があります。そこで、まずは新加算における変更内容を見ていきます。

Ⅰ-①-1　問題点①　年収440万円ルールが残り、月額8万円昇給ルールは2024年度で廃止

　厚生労働省は、新加算により簡素化したことでさらなる処遇改善加算の算定の拡大を実現すると言っています。たしかに、これまで最も低い

● 図表1-1

処遇改善加算の一本化及び加算率の引上げ（令和6年6月～）

■ 介護現場で働く方々にとって、令和6年度に2.5%、令和7年度に2.0%のベースアップへと確実につながるよう加算率の引上げを行う。
■ 介護職員等の確保に向けて、介護職員の処遇改善のための措置ができるだけ多くの事業所に活用されるよう推進する観点から、介護職員処遇改善加算、介護職員等特定処遇改善加算、介護職員等ベースアップ等支援加算について、現行の各加算・各区分の要件及び加算率を組み合わせた4段階の「介護職員等処遇改善加算」に一本化を行う。

※ 一本化後の加算については、介護職員への配分を基本とし、特に経験・技能のある職員に重点的に配分することとするが、事業所内での柔軟な職種配分を認める。また、人材確保に向けてより効果的な要件とする等の観点から、月額賃金の改善に関する要件及び職場環境等要件を見直す。

○ 令和6年度末までの経過措置期間を設け、加算率並びに月額賃金改善要件及び職場環境等要件に関する激変緩和措置を講じる。

加算率（※）	既存の要件は黒字、新規・修正する要件は赤字		対応する現行の加算等（※）	新加算の趣旨
【24.5%】	新加算 （介護職員等処遇改善加算）	I	新加算（II）に加え、以下の要件を満たすこと。 ・経験技能のある介護職員を事業所内で一定割合以上配置していること（訪問介護の場合、介護福祉士30%以上）	a. 処遇改善加算（I）【13.7%】 b. 特定処遇改善加算（I）【6.3%】 c. ベースアップ等支援加算【2.4%】	事業所内の経験・技能のある職員を充実
【22.4%】		II	新加算（III）に加え、以下の要件を満たすこと。 ・改善後の賃金年額440万円以上が1人以上 ・職場環境の更なる改善、見える化【見直し】 ・グループごとの配分ルール【撤廃】	a. 処遇改善加算（I）【13.7%】 b. 特定処遇改善加算（II）【4.2%】 c. ベースアップ等支援加算【2.4%】	総合的な職場環境改善による職員の定着促進
【18.2%】		III	新加算（IV）に加え、以下の要件を満たすこと。 ・資格や勤続年数等に応じた昇給の仕組みの整備	a. 処遇改善加算（I）【13.7%】 b. ベースアップ等支援加算【2.4%】	資格や経験に応じた昇給の仕組みの整備
【14.5%】		IV	・新加算（IV）の1/2（7.2%）以上を月額賃金で配分 ・職場環境の改善（職場環境等要件）【見直し】 ・賃金体系等の整備及び研修の実施等	a. 処遇改善加算（II）【10.0%】 b. ベースアップ等支援加算【2.4%】	介護職員の基本的な待遇改善・ベースアップ等

※：加算率は訪問介護のものを例として記載。職種間配分の柔軟化については令和6年4月から現行の介護職員処遇改善加算及び介護職員等特定処遇改善加算に適用。
なお、経過措置区分として、令和6年度末までに介護職員等処遇改善加算（V）(1)～(14)を設け、現行の3加算の取得状況に基づく加算率を維持した上で、今般の改定による加算率の引上げを受けることができるようにする。

現行制度から一本化後の介護職員等処遇改善加算への移行

○ 現行の一本化後の新加算I～IVに直ちに移行できない事業所のため、激変緩和措置として、新加算V（1～14）を令和7年3月までの間に限り設置。
○ 新加算Vは、令和6年5月末日時点で、介護職員処遇改善加算、介護職員等特定処遇改善加算、介護職員等ベースアップ等支援加算（現行3加算）のうちいずれかの加算を受けている事業所が取得可能（新加算I～IVのいずれかを取得している場合を除く。）。
○ 新加算Vは、**現行3加算の取得状況に基づく加算率を維持**した上で、**今般の改定による加算率の引上げを受けることができるように**する経過措置。
○ 新加算Vの配分方法は、加算I～IVと同様、介護職員への配分を基本とし、特に経験・技能のある職員に重点的に配分することとするが、事業所内で柔軟な配分を認める。

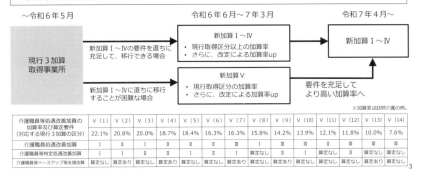

（出典）厚生労働省介護職員の処遇改善サイト「一体化概要・全体説明資料」

I 介護職員等処遇改善加算における変更内容　13

算定率であった旧特定加算の弊害の一つであった、いわゆる2分の1ルールが撤廃されたことは大きいと言えます。

しかし、賃金年額440万円ルールが残り、月額8万円昇給ルールが今年度で廃止されるという問題があります。月額賃金改善額に加え、職場環境等要件も来年度から激変します。2024度の加算の一部を2025年度に繰り越して支給する特例も、そのメリット、デメリットが周知されているとは言いがたいのです。

Ⅰ−①−2　問題点②　旧処遇改善加算の区分Ⅲの要件を満たしても新加算を算定できない

新加算は従来の3加算がベースとなっているものの、算定要件は引き上げられているため、旧加算の区分Ⅲの要件を満たしても新加算を算定することができず、区分Ⅴで算定しなければならないという問題があります。その区分Ⅴも、年度途中に算定要件をクリアできなくなった場合、区分Ⅴ(1)～(14)の別の区分へと変更することはできません。この時点で新加算の要件を満たすことができない場合は、いずれの加算も算定できなくなるのです。

さらに処遇改善加算の算定ができなくなった場合も賃金水準の維持が求められるので、自腹で支給を続けなければならないという、大きなリスクがあります。

Ⅰ−①−3　問題点③　最上位区分の加算算定のハードルが高く小規模事業者では生かしきれない

旧加算の区分Ⅱの要件を満たしても、新加算の区分Ⅳ以外の算定ができないことも明らかになっています。新加算で上位区分を算定するには、キャリアパス要件のⅠ～Ⅲを満たすしか方法がありません。さらなる上位区分には、「賃金年額440万円が1人以上」の壁が立ちはだかります。

旧特定加算の算定要件では、勤続10年以上で介護福祉士を有する介護職の中から、年収400万円以上の者を1名以上とする（法人一括処理

の場合は、加算を算定する事業所の数)、または、月額8万円の昇給を選択することが可能でした。しかし新加算では、月額8万円昇給の選択肢が2024度で終了します。

　これは、小規模事業所にとっては非常に荷が重い話です。経営者ですら年収440万円に満たない事業所が多いからです。

　新加算は、2025年度からはさらに混乱すると思われます。圧倒的な人材不足に喘ぐ介護業界の人材確保において、最上位区分の加算算定が必須ですが、そのハードルが高く小規模事業者では生かしきれないと言えます。

■Ⅰ－② 新加算の算定ポイント

　新加算のポイントは、2024年度に2.5%、2025年度に2.0%のベースアップとするための措置が含められていることです。2024年6月からの新加算の算定率には、2年分の賃上げ分を含んでいます。そのため、6月に移行した段階で算定率は従来の3加算と2024年2月からの支援補助金を合計した加算率より高い設定となりました。この増加分は、6月から前倒しで支給してもよいし、2024年度は職員には支給せずにプールしておいて、2025年度に繰り延べて支給してもよいとされています。

　しかし、繰延べの方法は2つの問題を抱えています。1つは、繰り延べて増額した部分の賃金相当分が2026年度以降の加算で補填されないことです。すなわち、2026年度以降の支給は自腹となります。2つ目は、繰り延べた部分の収益は2024年度の収入となって、法人税の課税対象となることです。厚生労働省は、この税金対策として賃上げ促進税制の活用を挙げていますが、一般的ではありません。

　ただし例外として、定期昇給を実施している事業所が繰り延べて増額した部分で定期昇給の相当額を補填する場合は、有効です。2026年度以降は自腹での支給は想定内であるため、少なくとも2025年度の昇給分を加算で補填できるメリットは大きいと言えます。

また、これまで月額支給額を抑えて賞与支給を大部分としていた場合も、賞与支給額を減らす形で定期昇給を補填するといった付替えが可能です。この場合は、賞与部分が続く限りにおいて、定期昇給額は処遇改善加算を活用して行うことができます。

Ⅰ－③　改善後の賃金額水準に関するルールが緩和

● 図表１－２

○ 今般の報酬改定による加算措置の活用や、賃上げ促進税制の活用等を組み合わせることにより、令和６年度に＋2.5％、令和７年度に＋2.0％のベースアップを実現いただくようお願いしています。

　今般の報酬改定では、処遇改善分について2年分を措置しており、令和７年度分を前倒しして賃上げいただくことも可能。前倒しした令和６年度の加算額の一部を、令和７年度内に繰り越して賃金改善に充てることも可。

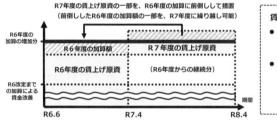

（出典）厚生労働省「「処遇改善加算」の制度が一本化（介護職員等処遇改善加算）され、加算率が引き上がります」

　新加算の算定区分は、Ⅰ～Ⅳの４区分となっています。従来の３加算の算定要件がかなり簡素化され、算定における事務負担が軽減されています。特に、従来の介護職員等特定処遇改善加算の要件である、経験・技能のある介護職員について重点的に処遇改善を図るべく配分の上限と所得制限を設けていた２分の１要件が、廃止となりました。
　改善後の賃金額水準に関する要件は、新加算のキャリアパス要件Ⅳの、経験10年以上で介護福祉士を持つ介護職員から年収440万円以上を１名以上とする要件のみです。これも、既に配置されている場合はそ

れで問題はありません。しかし2025年度からは「月額8万円の改善でも可」との経過措置が終了します。

そのため、2024年度に新加算の区分Ⅰまたは区分Ⅱを算定していた場合、2025年度以降、年収440万円以上の者を設定できない場合は、算定区分がⅢにダウンするので注意が必要です。

■ Ⅰ－④　賃金改善方法は月額重視

また、月額賃金改善として求められる部分は、旧ベースアップ等加算とは要件が異なり、新加算の区分Ⅳの算定率で計算した加算額の2分の1を月額賃金改善として設定することになります。この要件は、2025年度から適用され、2024年度は旧ベースアップ等加算および支援補助金で設定した賃金改善額を維持することになります。

また、旧ベースアップ等加算を算定していない事業所においては、算定した場合として計算した加算額の3分の2以上を月額賃金改善額として設定することになります。

2024年2月から5月の4カ月限定で実施された介護職員処遇改善支援補助金の受給要件では、「賃金改善の方法としてはベースアップ（賃金表の改訂により基本給等の水準を一律に引き上げること。以下同じ。）を基本とする」とされました（令和6年1月25日老発0125 第5号）。6月以降の処遇改善計画書においても、ベースアップの有無と、実施しない場合の理由を記載することが求められています。実績報告書においては、実施の有無と、実施した場合のベースアップ率を記載します。実施しなかった場合には、その理由を記載します。この点は、6月からの新加算でも同様の扱いとなっています。

■ Ⅰ－⑤　職場環境等要件では生産性向上を重視

新加算の算定要件である職場環境等要件では、2025年度からは、新加算区分ⅠまたはⅡを算定する場合には、職場環境等要件の区分ごとに

2以上の取組みを実施しなければならないとされました。生産性向上（業務改善および働く環境改善）のための取組みでは、3つ以上の取組みを実施することが求められます（取組みの進め方に関する詳細は第7章参照）。

　2024年度介護報酬改定では、全体として施設系を中心に生産性向上を求める方向が強化されています。特例として、業務改善やICT化に先進的な取組みを行う介護施設等を評価する生産性向上推進体制加算が創設されています。この加算を算定することで職場環境等要件の生産性向上の部分をクリアするとされました。

介護職員等処遇改善加算を算定するための3要件

Ⅱ−① キャリアパス要件

● 図表1−3

新加算を算定するためには・・・以下の3種類の要件を満たすことが必要です

1 キャリアパス要件

Ⅰ〜Ⅲは根拠規程を書面で整備の上、全ての介護職員に周知が必要

〔R6年度中は年度内の対応の誓約で可〕 新加算Ⅰ〜Ⅳ
キャリアパス要件Ⅰ（任用要件・賃金体系）
- 介護職員について、職位、職責、職務内容等に応じた任用等の要件を定め、それらに応じた賃金体系を整備する。

〔R6年度中は年度内の対応の誓約で可〕 Ⅰ〜Ⅳ
キャリアパス要件Ⅱ（研修の実施等）
- 介護職員の資質向上の目標や以下のいずれかに関する具体的な計画を策定し、当該計画に係る研修の実施又は研修の機会を確保する。
  a 研修機会の提供又は技術指導等の実施、介護職員の能力評価
  b 資格取得のための支援（勤務シフトの調整、休暇の付与、費用の援助等）

〔R6年度中は年度内の対応の誓約で可〕 Ⅰ〜Ⅲ
キャリアパス要件Ⅲ（昇給の仕組み）
- 介護職員について以下のいずれかの仕組みを整備する。
  a 経験に応じて昇給する仕組み
  b 資格等に応じて昇給する仕組み
  c 一定の基準に基づき定期に昇給を判定する仕組み

〔R6年度中は月額8万円の改善でも可〕 Ⅰ・Ⅱ
キャリアパス要件Ⅳ（改善後の賃金額）
- 経験・技能のある介護職員のうち1人以上は、賃金改善後の賃金額が年額440万円以上であること。

☞ 小規模事業所等で加算額全体が少額である場合などは、適用が免除されます。

Ⅰ
キャリアパス要件Ⅴ（介護福祉士等の配置）
- サービス類型ごとに一定割合以上の介護福祉士等を配置していること。

（出典）厚生労働省「「処遇改善加算」の制度が一本化（介護職員等処遇改善加算）され、加算率が引き上がります」

　新加算の区分Ⅰ〜Ⅳの中で上位のⅠ〜Ⅲ区分を算定するには、旧加算の区分Ⅰの要件を満たす必要があります。「旧加算の区分Ⅰの要件を満たす」とは、次の新加算のキャリアパス要件Ⅰ〜Ⅲの要件をすべて満たすことです（キャリアパス要件に関する2025年度の特例措置の詳細は

キャリアパス要件Ⅰ	就業規則や賃金規程等でキャリアアップの規定（任用の要件と賃金の目安）を明示している
キャリアパス要件Ⅱ	介護職員と意見交換して、資質向上の目標と具体的な研修スケジュール等を作成し、資格取得のための通学に対して勤務シフトで便宜を図り、研修費用の一部を負担するなどを明示している
キャリアパス要件Ⅲ	昇給規程を、「経験」「資格」「評価」のいずれかの基準で明確にする
キャリアパス要件Ⅳ	勤続10年以上の介護福祉士資格を持つ、介護職員から1名以上、年収440万円以上の者をつくる
キャリアパス要件Ⅴ	訪問介護の場合は、介護職員の中で、介護福祉士資格を持つ職員が30％以上であること。他の介護サービスでは、サービス提供体制強化加算ⅠまたはⅡを算定しているなどの要件を満たすこと

Ⅵ-②参照）。

　なお、上記のキャリアパス要件Ⅲの「経験」「資格」「評価」基準とは、具体的には、次のような仕組みを言います。

経験	勤続年数や経験年数によって昇進・昇給する仕組み （例：職員の勤務年数が3年未満は一般職員、3〜6年は班長、6年超は主任に昇進するなど）
資格	職員の取得した資格に応じて昇進・昇給する仕組み （例：無資格は一般職員、介護福祉士になると班長、特定介護福祉士になると主任に昇進するなど、または単に介護職員を対象に、介護福祉士手当、特定介護福祉士手当、社会福祉士手当などを複数設ける形でもよい）
評価	昇進試験や人事評価の結果に基づき昇進・昇給する仕組み （例：班長試験や主任試験などの昇進試験を設けて、合格すると昇進するなど）

　これらのうちからいずれかを用いるか、組み合わせて昇進・昇給の仕組みを設け、就業規則等の書面に整備します。

Ⅱ-② 月額賃金の改善要件

Ⅱ-②-1 賃金改善の実施に係る基本的な考え方

賃金改善は、基本給、手当、賞与等のうち対象とする項目を特定した上で行います。この場合、賃金水準を低下させてはなりません。また、基本給による賃金改善が望ましいとされています。

● 図表1-4

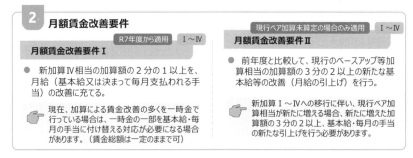

(出典) 厚生労働省「「処遇改善加算」の制度が一本化（介護職員等処遇改善加算）され、加算率が引き上がります」

また、2024年度に、2023年度と比較して増加した加算額（旧3加算の上位区分への移行ならびに新規算定によるもの（2024年4月および5月分）または2024年度介護報酬改定における加算率の引上げ分および新加算Ⅰ～Ⅳへの移行によるもの（2024年6月以降分）。2025年度への繰越し分を除く）については、増加分に相当する介護職員その他の職員の賃金改善を、新規に実施しなければなりません。

その際、新規に実施する賃金改善は、「ベースアップ（賃金表の改訂により基本給または決まって毎月支払われる手当の水準を一律に引き上げることをいう。以下同じ。）により行うことを基本とする」、とされました（令和6年3月15日『介護保険最新情報』Vol.1215）。ただし、ベースアップのみにより当該賃金改善を行うことができない場合には、

● 図表1-5

月額賃金の改善要件

- 介護職員の生活の安定・向上や、労働市場での介護職種の魅力の増大につなげる観点から、加算のうち一定程度は基本給等の改善に配分していただくため、**月額賃金改善要件Ⅰ**を設ける。
- また、現行のベースアップ等支援加算の要件を引き継ぐ観点から、**月額賃金改善要件Ⅱ**を設定。
- いずれも、既に対応できている場合には新規の取組は不要。

①月額賃金改善要件Ⅰ

注：%は全て訪問介護の加算率

- 新加算Ⅳ（加算率14.5%）の加算額の1/2（加算率7.2%相当）以上を基本給等（※）で配分する。

※ 基本給等＝基本給または決まって毎月支払われる手当。

- 例えば、新加算Ⅳの加算額が1,000万円の場合、500万円以上（新加算Ⅳの1/2以上）は基本給等での改善に充てる必要がある。たとえ**新加算Ⅲ以上を取得していても**、新加算Ⅳの1/2分以上（ここでは500万円以上）だけを基本給等の改善に充てていればよい。
- 令和7年3月まで適用を猶予。

②月額賃金改善要件Ⅱ

現行ベア加算を**既取得の事業所**には関係のない要件

現行ベア加算のベースアップ要件と同じ

- 現行ベア加算を未取得の事業所のみに適用。
- 新加算を取得する場合に、増加した旧ベア加算相当の2/3以上、基本給等を新たに改善する。
- 例えば、新加算Ⅳを取得し、そのうち旧ベア加算相当が300万円であった場合、200万円以上は基本給等で改善する。
- 令和6年6月から適用（4・5月は、現行ベア加算のベースアップ要件として存在。）

（月額賃金改善要件Ⅲ）

（出典）厚生労働省介護職員の処遇改善サイト「一体化詳細説明資料（実務担当者向け）」

その他の手当、一時金等を組み合わせて実施しても差し支えありません。介護事業者等の判断によって、介護職員以外の職種への配分も含め、事業所内で柔軟な配分が可能です。

一部の職員に加算を原資とする賃金改善を集中させることや、同一法人内の一部の事業所のみに賃金改善を集中させることなど、職務の内容や勤務の実態に見合わない著しく偏った配分は、行わないこととされています。

Ⅱ-②-2　2025年度のさらなるベースアップにつなげるための工夫

2024年度に2023年度と比較して増加した加算額の一部を2025年度に繰り越して、2025年度分の賃金改善に充てることも可能です。その

際、2025年度の賃金改善の原資として繰り越す額の上限は、2024年度に、仮に2023年度末時点で算定していた旧3加算を継続して算定する場合に見込まれる加算額と、2024年度の新加算等の加算額を比較して増加した差額となります。繰越額については、処遇改善計画書・実績報告書に記載して提出します。

Ⅱ-③　職場環境等要件

新加算の算定には、給与以外の処遇改善（職場環境等要件）を実施して報告することが必要です。

● 図表1-6

```
3  職場環境等要件
              R6年度中は区分ごと1つ以上、取組の具体的な内容の公表は不要
 Ⅰ・Ⅱ  ● 6の区分ごとにそれぞれ2つ以上（生産性向上は3つ以上、うち一部は必須）取り組む。
      情報公表システム等で実施した取組の内容について具体的に公表する。
              R6年度中は全体で1つ以上
 Ⅲ・Ⅳ  ● 6の区分ごとにそれぞれ1つ以上（生産性向上は2つ以上）取り組む。
```

※ 新加算（Ⅰ～Ⅴ）では、加算による賃金改善の職種間配分ルールを統一します。
介護職員への配分を基本とし、特に経験・技能のある職員に重点的に配分することとしますが、事業所内で柔軟な配分を認めます。

（出典）厚生労働省「「処遇改善加算」の制度が一本化（介護職員等処遇改善加算）され、加算率が引き上がります」

職場環境等要件Ⅰ・Ⅱを算定するには、2025年度からは、次ページの**図表1-7**に示す6区分のうちから2つ以上、生産性向上要件は3つ以上の取組み（職場環境等要件）を記載して、すべての介護職員に周知しなければなりません。また、年度内に実施した処遇改善に要した費用をすべての介護職員に周知していることも必要です（職場環境等要件に関する2025年度の特例措置の詳細はⅥ-②参照）。

● 図表 1－7

介護職員等処遇改善加算の職場環境等要件（令和7年度以降）

介護職員等処遇改善加算 Ⅲ・Ⅳ ：以下の区分ごとにそれぞれ1つ以上（生産性向上は2つ以上）取り組んでいる
介護職員等処遇改善加算 Ⅰ・Ⅱ ：以下の区分ごとにそれぞれ2つ以上（生産性向上は3つ以上かつ※は必須）取り組んでいる

区分		具体的内容
入職促進に向けた取組	①法人や事業所の経営理念やキャリアアップ方針・人材育成方針、その実現のための施策・仕組みなどの明確化 ②事業者の共同による採用・人事ローテーション・研修の広域的な制度構築 ③他産業からの転職者、主婦層、中高年齢者等、経験者・有資格者等にこだわらない幅広い採用の仕組みの構築（採用の実施でも可） ④職業体験の受入れや地域行事への参加や主催等による職業魅力度向上の取組の実施	
資質の向上やキャリアアップに向けた支援	⑤働きながら介護福祉士取得を目指す者に対する実務者研修受講支援や、より専門性の高い介護技術を取得しようとする者に対するユニットリーダー研修、ファーストステップ研修、喀痰吸引等、認知症ケア、サービス提供責任者研修、中堅職員に対するマネジメント研修の受講支援等 ⑥研修の受講やキャリア段階等に応じた給与体系の策定と実行（昇給する仕組み等） ⑦エルダー・メンター（仕事やメンタル面のサポート等をする担当者）制度等導入 ⑧上位者・担当者によるキャリアパス面談など、キャリアアップ・働き方等に関する定期的な相談の機会の確保	
両立支援・多様な働き方の推進	⑨子育てや家族等の介護等との両立を目指す者のための休業制度等の充実、事業所内託児施設の整備 ⑩職員の事情等の状況に応じた勤務シフト・短時間正規職員制度等の導入 ⑪有給休暇が取得しやすい環境の整備（例えば、1週間以上の連続休暇を年に●回取得、付与日数のうち●%以上を取得）を定めた上で、取得状況の定期的に確認し、具体的な方策を同僚からの声かけや上司からの働きかけの強化） ⑫有給休暇の取得促進のための取組、業務改善の周知の解消等を行っている	
腰痛を含む心身の健康管理	⑬業務や福利厚生制度、メンタルヘルス等の職員相談窓口等の設置や相談体制の充実 ⑭短時間勤務労働者も受診可能な健康診断・ストレスチェックや、従業員のための休憩室の整備等健康管理対策の実施 ⑮介護施設等における職員の負担軽減のための介護技術（例えば、持ち上げ等）研修、職員に対する腰痛対策の研修等の実施 ⑯事故・トラブルへの対応のマニュアル等の作成による個別対応の負担軽減	
生産性向上（業務改善及び働く環境改善）のための取組	⑰厚生労働省が示している「生産性向上のガイドライン」に基づき、業務改善活動（委員会やプロジェクトチームの立ち上げ又は外部の研修会等の活用を含む）を行える環境の整備 ⑱現場の課題の見える化（課題の抽出、課題の整理、業務時間調査の実施等）を行う ⑲5S活動（業務改善の手法の1つ。整理・整頓・清掃・清潔・躾）に基づく職場環境の整備を行っている ⑳介護ソフト（記録、情報共有、請求業務転記が不要なもの）、タブレット端末、スマートフォン端末等）の導入 ㉑介護ロボット（見守り支援、移乗支援、移動支援、排泄支援、入浴支援、介護業務支援等）又はバイタルセンサー等の職員間の連絡調整の迅速化に資するICT機器（ビジネスチャットツール含む）の導入 ㉒業務内容の明確化と役割分担を行い、介護職員がケア以外に担う業務、役割の共同化や仕分けと、清掃・リネン等の多職種の連携や兼務、ベッドメイク、配膳等の間接業務の委託等を行う ㉓各委員会の共同設置、協働化を図るための取組（法人の共同設置、複数事業所の共同設置等）、事業所の共同化（合同研修、事務部門の統廃合、物品の共同購入、広報の共同実施） ㉔地域の実習施設等との共同設置による人材育成、地域のサービス事業者との協働による広域での人材育成 ※小規模事業者については、上の取組内容を適宜実施している場合、または、他の取組を実施している場合には、生産性向上（業務改善及び働く環境改善）のための取組として認めるものとする	
やりがい・働きがいの醸成	㉕ミーティング等による職場内コミュニケーションの円滑化による個々の介護職員の気付きを踏まえた勤務内容やケア内容の改善 ㉖地域包括ケアの一員としてのモチベーション向上に資する、地域住民や地域の児童・生徒や学生との交流の機会の提供 ㉗利用者本位の介護方針など介護の専門性や意義等を定期的に学ぶ機会の提供 ㉘ケアの好事例や、利用者やその家族からの謝意等の情報を共有する機会の提供	

新加算Ⅰ・Ⅱにおいては、情報公表システム等で職場環境等要件の各項目ごとの具体的な取組内容の公表を求める

（出典）厚生労働省介護職員の処遇改善サイト「一体化詳細説明資料（実務担当者向け）」

キャリアパス要件の詳細解説

新加算の区分とキャリアパス要件の関係は、次のとおりです。

区分Ⅰ：キャリアパス要件Ⅰ、Ⅱ、Ⅲ、Ⅳ、Ⅴを満たす
区分Ⅱ：キャリアパス要件Ⅰ、Ⅱ、Ⅲ、Ⅳを満たす
区分Ⅲ：キャリアパス要件Ⅰ、Ⅱ、Ⅲを満たす
区分Ⅳ：キャリアパス要件Ⅰ、Ⅱを満たす

キャリアパス要件の詳細は、『介護保険最新情報』Vol.1215（令和6年3月15日）に示されており、27ページ以下のように整理することができます（キャリアパス要件に関する2025年度の特例措置の詳細はⅥ－②参照）。

図表1-8 旧3加算の算定状況に応じた新加算Ⅰ〜Ⅳの算定要件（早見表）

（表の見方）旧3加算の算定状況のうち当てはまる行を見つけ（①）、令和6年度中に算定可能な経過措置区分（新加算Ⅴ）（②）と、新加算Ⅰ〜Ⅳに移行する場合の要件一覧（③）を確認する。

※加算率は訪問介護の例。

	旧3加算の算定状況				新加算Ⅴ		新加算Ⅰ〜Ⅳに移行する場合の要件一覧							
取得パターン	処遇改善加算	特定加算	ベア加算	合計の加算率	算定可能な経過措置区分（新加算Ⅴ）	加算率	加算区分（加算率が下がらない区分であり、移行先の候補となるもの）③	加算率	月額賃金改善要件Ⅰ/Ⅱ	キャリアパス要件Ⅰ/Ⅱ/Ⅲ/Ⅳ/Ⅴ				職場環境等要件
1	Ⅰ		有	22.4%	-	-	新加算Ⅰ	24.5%	◎	○	○	○	○	○
2			なし	20.0%	新加算Ⅴ(1)	22.1%	新加算Ⅰ	24.5%	◎	○	○	○	○	○
3	Ⅱ		有	20.3%	-	-	新加算Ⅱ	22.4%	◎	○	○	○	-	○
4			なし	17.9%	新加算Ⅴ(3)	20.0%	新加算Ⅱ	22.4%	◎	○	○	○	-	○
5			有	16.1%	-	-	新加算Ⅲ	18.2%	◎	○	△	○	-	○
6	なし		なし	13.7%	新加算Ⅴ(8)	15.8%	新加算Ⅲ	18.2%	◎	○	△	○	-	○
7			有	18.7%	新加算Ⅴ(2)	20.8%	新加算Ⅰ	24.5%	◎	○	○	○	○	○
8	Ⅰ		なし	16.3%	新加算Ⅴ(5)	18.4%	新加算Ⅱ	22.4%	◎	○	○	○	-	○
9	Ⅱ		有	16.6%	新加算Ⅴ(4)	18.7%	新加算Ⅱ	22.4%	◎	○	○	○	-	○
10			なし	14.2%	新加算Ⅴ(6)	16.3%	新加算Ⅲ	18.2%	◎	○	△	○	-	○
11			有	12.4%	-	-	新加算Ⅳ	14.5%	◎	○	△	△	-	○
12	なし		なし	10.0%	新加算Ⅴ(11)	12.1%	新加算Ⅳ	14.5%	◎	○	△	△	-	○
13			有	14.2%	新加算Ⅴ(7)	16.3%	新加算Ⅰ	24.5%	◎	○	○	○	○	○
14	Ⅰ		なし	11.8%	新加算Ⅴ(10)	13.9%	新加算Ⅱ	22.4%	◎	○	○	○	-	○
15	Ⅲ		有	12.1%	新加算Ⅴ(9)	14.2%	新加算Ⅱ	22.4%	◎	○	○	○	-	○
16			なし	9.7%	新加算Ⅴ(12)	11.8%	新加算Ⅲ	18.2%	◎	○	△	○	-	○
17	なし		有	7.9%	-	-	新加算Ⅳ	14.5%	◎	○	△	△	-	○
18			なし	5.5%	新加算Ⅴ(13)	7.6%	新加算Ⅳ	14.5%	◎	○	△	△	-	○

青字（○・◎・△）は、事業所にとって、新規に満たすことが必要要件。そのうち、◎は、令和7年度から適用になる要件、□は、初めて新加算Ⅰから新加算Ⅳまでのいずれかを算定する事業年度に適用になる要件、△は、【令和6年度内の対応の猶予】により令和6年度当初から満たさないことにより支障ない要件。

（出典）厚生労働省介護職員の処遇改善サイト「一体化詳細説明資料」（実務担当者向け）

Ⅲ-① キャリアパス要件Ⅰ（任用要件・賃金体系の整備等）

次の一から三までをすべて満たすことが必要です。

> 一　介護職員の任用の際における職位、職責、職務内容等に応じた任用等の要件（介護職員の賃金に関するものを含む。）を定めていること。

例えば、一般職員、班長、主任といったように、介護職員が登ることができる職位の階段を設ければ足ります。該当者がいない場合は、空き職種であっても、その仕組みがあれば問題ありません。

> 二　一に掲げる職位、職責、職務内容等に応じた賃金体系（一時金等の臨時的に支払われるものを除く。）について定めていること。

この場合、必ずしも厳密な賃金規程は必要ありません。各階段での給与の目安の金額がわかる状態で問題ありません。

> 三　一及び二の内容について就業規則等の明確な根拠規程を書面で整備し、すべての介護職員に周知していること。

この場合、新入職員にも周知していることが必要です。ただし、常時雇用する者の数が10人未満の事業所等、労働基準法上の就業規則の作成義務がない事業所等においては、就業規則の代わりに内規等の整備・周知により上記三の要件を満たすこととしても差し支えありません。

Ⅲ-② キャリアパス要件Ⅱ（研修の実施等）

次の一および二を満たすことが必要です。

> 一　介護職員の職務内容等を踏まえ、介護職員と意見を交換しながら、資質向上の目標およびaまたはbに掲げる事項に関する具体的な計画を策定し、当該計画に係る研修の実施または研修の機会を確保していること。
> 　a　資質向上のための計画に沿って、研修機会の提供または技術指導等（OJT、OFF-JT等）を実施するとともに、介護職員の能力評価を行うこと。
> 　b　資格取得のための支援（研修受講のための勤務シフトの調整、休暇の付与、費用（交通費、受講料等）の援助等）を実施すること。
> 二　一について、全ての介護職員に周知していること。

この「意見を交換」は、様々な方法によって、可能な限り多くの介護職員の意見を聴く機会（例えば、対面に加え、労働組合がある場合には労働組合との意見交換のほか、メール等による意見募集を行う等）を設けるように配慮することが望ましいとされています。

また、「資質向上の目標」は、事業者において、運営状況や介護職員のキャリア志向等を踏まえ適切に設定します。一例としては、次のようなものが考えられます。

① 利用者のニーズに応じた良質なサービスを提供するために、介護職員が技術・能力（例：介護技術、コミュニケーション能力、協調性、問題解決能力、マネジメント能力等）の向上に努めること
② 事業所全体での資格等（例：介護福祉士、介護職員基礎研修、訪問介護員研修等）の取得率の向上

Ⅲ-③ キャリアパス要件Ⅲ（昇給の仕組みの整備等）

次の一および二を満たすことが必要です。

一 介護職員について、経験若しくは資格等に応じて昇給する仕組み又は一定の基準に基づき定期に昇給を判定する仕組みを設けていること。具体的には、次のaからcまでのいずれかに該当する仕組みであること。

　a　経験に応じて昇給する仕組み
　　「勤続年数」や「経験年数」などに応じて昇給する仕組みであること。

　b　資格等に応じて昇給する仕組み
　　介護福祉士等の資格の取得や実務者研修等の修了状況に応じて昇給する仕組みであること。ただし、別法人等で介護福祉士資格を取得した上で当該事業者や法人で就業する者についても昇給が図られる仕組みであることを要する。

　c　一定の基準に基づき定期に昇給を判定する仕組み
　　「実技試験」や「人事評価」などの結果に基づき昇給する仕組みであること。ただし、客観的な評価基準や昇給条件が明文化されていることを要する。

二 一の内容について、就業規則等の明確な根拠規程を書面で整備し、全ての介護職員に周知していること。

---

　aとしては、例えば、職員の勤務年数が3年未満は一般職員、3～6年は班長、6年超は主任に昇進するなどです。

　bとしては、例えば、単に介護職員を対象に、介護福祉士手当、特定介護福祉士手当、社会福祉士手当などを複数設けて、資格を取る度に昇給する仕組みでも構いません。この場合の手当の金額に定めはありません。仕組みを定めた規程があればよく、該当する職員がいない場合は、支給することはありません。

cとしては、例えば、班長試験や主任試験などの昇進試験を設けて、合格すると昇進するなどです。

Ⅲ-④　キャリアパス要件Ⅳ（改善後の年額賃金要件）

> 経験・技能のある介護職員のうち1人以上は、賃金改善後の賃金の見込額（新加算等を算定し実施される賃金改善の見込額を含む。）が年額440万円以上であること（新加算等による賃金改善以前の賃金が年額440万円以上である者を除く。）。

「経験・技能のある介護職員」とは、経験10年以上の介護福祉士資格者のことで、うち1人以上は賃金改善後の年収が440万円以上であることが必要です。この要件を満たす職員が既にいる場合は、新たに設ける必要はありません。ただし、以下の場合など、例外的に当該賃金改善が困難な場合であって、合理的な説明がある場合は例外措置として設けなくてもよいとされています。
・小規模事業所等で加算額全体が少額である場合
・職員全体の賃金水準が低い事業所などで、直ちに1人の賃金を引き上げることが困難な場合

さらに、2024年度中は、旧特定加算と同様に、賃金改善額が月額平均8万円（賃金改善実施期間における平均）以上の職員を置くことにより上記の要件を満たしますが、2025年度からは廃止されます。

■Ⅲ-⑤　キャリアパス要件Ⅴ（介護福祉士等の配置要件）

　サービス類型ごとに一定以上の介護福祉士等を配置していることが必要です。具体的には、新加算等を算定する事業所または併設する本体事業所においてサービス類型ごとに別紙１表４（掲載省略）に掲げるサービス提供体制強化加算、特定事業所加算、入居継続支援加算または日常生活継続支援加算の各区分の届出を行っていることが必要です。

　Ⅲ-①～Ⅲ-⑤に挙げた５つのキャリアパス要件のうち、Ⅲ-①、Ⅲ-②、Ⅲ-④の３つについて2025年度は特例処置が講じられることとなったため、特例の誓約により新加算の区分Ⅰ～Ⅳの算定が可能です（詳細はⅥ-②参照）。

月額賃金の改善要件の詳細解説

■ Ⅳ-① 月額賃金改善要件Ⅰ（月給による賃金改善）※2025年度から適用

● 図表1-9

月額賃金の改善要件

- 介護職員の生活の安定・向上や、労働市場での介護職種の魅力の増大につなげる観点から、加算のうち一定程度は基本給等の改善に配分していただくため、**月額賃金改善要件Ⅰ**を設ける。
- また、現行のベースアップ等支援加算の要件を引き継ぐ観点から、**月額賃金改善要件Ⅱ**を設定。
- いずれも、既に対応できている場合には新規の取組は不要。

①月額賃金改善要件Ⅰ　　　　　　　　　　　　　　　　　　注：%は全て訪問介護の加算率

- 新加算Ⅳ（加算率14.5%）の加算額の1/2（加算率7.2%相当）以上を基本給等（※）で配分する。
  ※ 基本給等＝基本給または決まって毎月支払われる手当。
- 例えば、新加算Ⅳの加算額が1,000万円の場合、500万円以上（新加算Ⅳの1/2以上）は基本給等での改善に充てる必要がある。たとえ**新加算Ⅲ以上を取得していても**、新加算Ⅳの1/2分以上（ここでは500万円以上）だけを基本給等の改善に充てていればよい。
- 令和7年3月まで適用を猶予。

②月額賃金改善要件Ⅱ　　　　　現行ベア加算を**既取得の事業所**には関係のない要件

- 現行ベア加算を未取得の事業所のみに適用。　　　現行ベア加算のベースアップ要件と同じ
- 新加算を取得する場合に、増加した旧ベア加算相当の2/3以上、基本給等を新たに改善する。
- 例えば、新加算Ⅳを取得し、そのうち旧ベア加算相当が300万円であった場合、200万円以上は基本給等で改善する。
- 令和6年6月から適用（4・5月は、現行ベア加算のベースアップ要件として存在。）

（月額賃金改善要件Ⅲ）

（出典）厚生労働省介護職員の処遇改善サイト
「一体化詳細説明資料（実務担当者向け）」

新加算のどの区分を算定する場合であっても、加算額の2分の1以上を基本給または決まって毎月支払われる手当の改善に充てることが必要です。

このとき、賃金総額を新たに増加させる必要はありません。手当または一時金としている賃金改善の一部を減額して、その分を基本給等に付け替えることで、要件を満たします。また、既に要件を満たしている事業所は、新規の取組みを行う必要はありません。ただし、この要件を満たすために新規に基本給等の引上げを行う場合には、その基本給等の引上げはベースアップ（賃金表の改訂により基本給等の水準を一律に引き上げること）により行うことが基本とされています。
　この月額賃金改善要件Ⅰは、2024年度中は適用が猶予され、2025年度からとなります。

Ⅳ-②　月額賃金改善要件Ⅱ（旧ベースアップ等加算相当の賃金改善）

　2024年5月31日時点で旧加算を算定して、かつ、旧ベースアップ等加算を算定していない事業所が、新加算の区分Ⅰ～Ⅳのいずれかを算定する場合の要件です。2024年度においては、事業所が仮に旧ベースアップ等加算を算定する場合に見込まれる加算額の3分の2以上の基本給等の引上げを新規に実施しなければなりません。その際の引上げは、ベースアップにより行うことを基本とします。
　2024年5月以前に旧3加算を算定していなかった事業所および2024年6月以降に開設された事業所が新加算の区分Ⅰ～Ⅳのいずれかを新規に算定する場合は、この月額賃金改善要件Ⅱの適用は受けません。

Ⅴ 職場環境等要件（2025年度以降）の詳細解説

■Ⅴ-① 業務効率化や職場改善による介護職員の負担軽減とサービスの質向上の両立を目的としている

　2025年度から適用される新しい「職場環境等要件」では、生産性向上に関する具体的な取組みが要件の一部として求められています。この要件は、介護事業所が業務効率化や職場の運営改善を進め、介護職員の負担軽減とサービスの質向上を両立させることを目的としています（職場環境等要件に関する2025年度の特例措置の詳細はⅥ-②参照）。

　まず、生産性向上の要件として、事業所は職員の業務内容を詳細に把握し、それをもとに業務の効率化や改善を図る取組みを行う必要があります。これには、業務プロセスの見直しや役割分担の最適化、不要な業務の排除などが含まれます。具体的な方法として、業務内容を洗い出し、改善が必要なポイントを特定し、それに基づいて効率化の方策を計画・実施することが求められます。

　さらに、この要件ではICT（情報通信技術）の活用が奨励されています。例えば、介護記録の電子化やスケジュール管理システムの導入、タブレット端末を活用した現場での情報共有などが挙げられます。これにより、職員が記録や報告に費やす時間を短縮し、本来の介護業務に集中できる環境を整えることが可能になります。

　また、施設内の物理的な環境改善も生産性向上の一環とされています。例えば、動線を見直した作業スペースの配置変更や、職員が使いやすい設備の導入などが含まれます。これらの改善により、職員の身体的負担を軽減するとともに、作業効率を向上させる効果が期待されます。

● 図表 1 − 7（再掲）

介護職員等処遇改善加算の職場環境等要件（令和7年度以降）

介護職員等処遇改善加算Ⅲ・Ⅳ ：以下の区分ごとにそれぞれ1つ以上（生産性向上は2つ以上）取り組んでいる
介護職員等処遇改善加算Ⅰ・Ⅱ ：以下の区分ごとにそれぞれ2つ以上（生産性向上は3つ以上うち2又は3は必須）取り組んでいる

区分	具体的内容
入職促進に向けた取組	①法人や事業所の経営理念やケア方針・人材育成方針・その実現のための施策・仕組みなどの明確化 ②事業者の共同による採用・人事ローテーション・研修のための制度構築 ③他産業からの転職者、中高年齢層、経験者・有資格者等、主婦層、中高年齢層等の参加しやすい幅広い採用のための仕組みの構築（採用の実績でも可） ④地域の経営者等と共同でおこなう地域行事等への参加や主催による地域貢献活動、地域とのつながりを促進する取組の実施
資質の向上やキャリアアップに向けた支援	⑤働きながら介護福祉士取得を目指す者に対する実務者研修受講支援や、より専門性の高い介護技術を取得しようとする者に対する研修支援（研修受講のための勤務調整、休暇付与、費用支援（téisaku）等） ⑥研修の受講やキャリア段位制度と人事考課との連動 ⑦エルダー・メンター（仕事やメンタル面のサポート等をする担当者）制度等の導入 ⑧上位者・担当者等によるキャリアアップ（仕事内容）面談など定期的な面談の機会の確保
両立支援・多様な働き方の推進	⑨子育てや家族の介護等との両立を目指す者のための休暇制度（職員の子の急な病気等への対応を含む）や保育施設等の整備 ⑩職員の事情等の状況に応じた勤務シフトや勤務時間正規職員への転換の制度の整備、事業所内託児施設の整備 ⑪有給休暇を取得しやすい雰囲気の醸成等、取得促進に向けた取組 ⑫有給休暇以外の休暇制度の充実（例えば、1週間以上連続で取得する長期休暇制度等を導入し、土日数のうち●●%以上を取得）を定めた上で、取得促進のための計画策定等に取り組んでいる ⑬身近な上司等からの声かけ等により、業務に疲れた人たちの解消、業務配分の偏の解消を行っている
腰痛を含む心身の健康管理	⑭業務や福利厚生制度、メンタルヘルス等の職員相談窓口の設置や相談体制等の充実 ⑮短時間勤務労働者等も受診可能な健康診断・ストレスチェックや、従業員のための定期的な受診推奨等健康管理対策の実施 ⑯介護職員の身体の負担軽減のための介護技術の習得や、研修受講による介護労働での腰痛対策の研修等の実施 ⑰事故・トラブルへの対応マニュアル等の作成等の体制の整備
生産性向上（業務改善及び働く環境改善）のための取組	⑱厚生労働省が示している「生産性向上ガイドライン」に基づき、業務改善活動（委員会やプロジェクトチームの立ち上げ又は外部の研修会への活用等）を行っている ⑲現場の課題の見える化（課題の抽出、課題の明確化、業務時間調査の実施等）を実施している ⑳5Ｓ活動（業務管理の手法の１つ、整理・整頓・清掃・清潔・躾）等の実践による職場環境の整備を行っている ㉑業務手順書の作成（記録、報告様式の工夫等による記入負担の軽減等） ㉒介護ソフト（記録、情報共有、請求業務転記方式等）、情報端末（スマートフォン端末、タブレット端末）等の導入 ㉓介護ロボット（見守り支援、移動支援、排泄支援、入浴支援、介護業務支援等）又はインカム等の職員間の連絡調整の迅速化に資するICT機器（ビジネスチャットツール含む）の導入 ㉔業務改善好取組及び役割分担を行い、介護職員がケアに集中できる環境を整備。特に、間接業務（食事等の準備や片付け、清掃、ベッドメイク、リネン類の準備、物品の補充、電話応対等）、介護以外の周辺業務（食事等の準備や片付け等の実施）、その他（●●●等） ㉕各種委員会の共同開催、各種加算の協働での取得、設備の共同購入、災害対応等の地域の複数事業所や法人での共同の取組 ㉖特定処遇改善加算の取得及び取得後の職場環境の改善を通じた協力体制を構築し、業務負担や労働環境改善のための取組の実施 ※生産性向上は新加算Ⅰ体制推進加算を除き、必須。㉘の取組を実施している場合には、「生産性向上（業務改善及び働く環境改善）のための取組」を踏まえた勤務環境やケアの内容の改善 ※小規模事業者には、㉘の取組を実施していないが、利用者やその家族からの感謝等の情報を共有する機会の提供
やりがい・働きがいの醸成	㉗ミーティング等による職場内コミュニケーションの円滑化による個々の介護職員の気づきを踏まえた課題の解決や、提案が実務に反映される仕組み等の構築 ㉘地域包括ケアの一翼を担うものとしてモチベーション向上に資する、地域の児童・生徒や住民との交流の実施 ㉙利用者へのケアの方針や目標及び法人の理念等を定期的に共有する機会の提供 ㉚ケアの好事例や、利用者やその家族からの謝意等の情報を共有する機会の提供

新加算Ⅰ、Ⅱにおいては、情報公表システム等で職場環境等要件の各項目ごとの具体的な取組内容の公表を求める

（出典）厚生労働省介護職員の処遇改善サイト「一体化詳細説明資料（実務担当者向け）

この要件を満たすためには、事業所が現場の職員と協力して改善点を見つけ、具体的なアクションプランを策定することが重要です。また、改善計画の実施状況やその効果を定期的に評価し、必要に応じて調整を行うことで、持続的な生産性向上を実現することが求められます。具体的な取組みの進め方は第7章で解説しますので、そちらを参照してください。

　ここでは、新しい「職場環境等要件」の内容を確認します。

　2025年度以降に新加算Ⅰ～Ⅳのいずれかを算定する場合、以下の取組みが必要となります。

■ Ⅴ-② 新加算ⅠまたはⅡを算定する場合

　次のいずれも行う必要があります。

> ① 6区分の各区分につき2以上の取組みを実施
> ② 「生産性向上（業務改善及び働く環境改善）のための取組」のうち3以上の取組み（うち⑰または⑱は必須）を実施
> ③ 職場環境等要件の項目ごとの取組みについて、情報公表システム等で具体的な取組み内容を公表

　③の「情報公表システム」とは、厚生労働省の「介護サービス情報の公表制度」のことで、対象事業者は、新加算の算定状況を報告するとともに、職場環境等要件を満たすために実施した取組み項目およびその具体的な取組み内容を「事業所の特色」欄に記載します。本制度における報告の対象となっていない場合等には、各事業者のホームページを活用する等、外部から見える形で公表します。

● 図表1－10　情報公表システムにおける表示イメージ（社会福祉法人江寿会アゼリー江戸川）

賃金改善以外で取り組んでいる処遇改善の内容

入職促進に向けた取組
- 法人や事業所の経営理念やケア方針・人材育成方針、その実現のための施策・仕組みなどの明確化
- 事業者の共同による採用・人事ローテーション・研修のための制度の構築
- 他産業からの転職者、主婦層、中高年齢層等、経験者・有資格者等にこだわらない幅広い採用の仕組みの構築

資質の向上やキャリアアップに向けた支援
- 働きながら介護福祉士取得を目指す者に対する実務者研修受講支援や、より専門性の高い介護技術を取得しようとする者に対する喀痰吸引、認知症ケア、サービス提供責任者研修、中堅職員に対するマネジメント研修の受講支援等
- 研修の受講やキャリア段位制度と人事考課との連動
- 上位者・担当者によるキャリア面談など、キャリアアップに関する定期的な相談の機会の確保

両立支援・多様な働き方の推進
- 子育てや家族等の介護と仕事の両立を目指す者のための休業制度等の充実、事業所内託児施設の整備
- 有給休暇が取得しやすい環境の整備
- 業務や福利厚生制度、メンタルヘルス等の職員相談窓口の設置等や相談体制の充実

腰痛を含む心身の健康管理
- 介護職員の身体の負担軽減のための介護技術の修得支援、介護ロボットやリフト等の介護機器等の導入及び研修等による腰痛対策の実施
- 雇用管理改善のための管理者に対する研修等の実施
- 事故・トラブルへの対応マニュアル等の作成体制の整備

生産性向上のための業務改善の取組
- タブレット端末やインカム等のICT活用や見守り機器等の介護ロボットやセンサーの導入等による業務量の縮減
- 高齢者の活躍（居室やフロアの掃除、食事の配膳・下膳などの活動、経理や労務、広報などを含めた介護業務以外の業務の提供）等による役割分担の明確化
- 5S活動（業務管理の手法の1つ。整理・整頓・清掃・清潔・躾の頭文字をとったもの）等の実践による職場環境の整備
- 業務手順書の作成や、記録・報告様式の工夫等による情報共有や作業負担の軽減

やりがい・働きがいの醸成
- ミーティング等による職場内コミュニケーションの円滑化による個々の介護職員の気づきを踏まえた勤務環境やケア内容の改善
- 利用者本位のケア方針など介護職員の介護への理念や扱う定期的に学ぶ機会の提供
- ケアの好事例や、利用者やその家族からの謝意等の情報を共有する機会の提供

V　職場環境等要件（2025年度以降）の詳細解説　37

■Ⅴ-③　新加算ⅢまたはⅣを算定する場合

次のいずれも行う必要があります。

① 6区分の各区分につき1以上を実施
② 「生産性向上（業務改善及び働く環境改善）のための取組」のうち2以上を実施

■Ⅴ-④　職場環境等要件の特例措置

ただし、生産性向上推進体制加算を算定している場合には、「生産性向上（業務改善及び働く環境改善）のための取組」の要件を満たします。1法人当たり1の施設または事業所のみを運営するような法人等の小規模事業者は、図表1－7（再掲）（35ページ参照）の㉔の取組みを実施していれば、この区分の要件を満たします。

■Ⅴ-⑤　2024年度の経過措置

上記の職場環境等要件の見直しは、2024年度中は適用が猶予されています（2025年度については特例処置が講じられます。Ⅵ-②参照）。

2025年度介護職員等処遇改善加算における特例措置

■Ⅵ-① さらなる賃上げ等を支援するための補助金

Ⅵ-①-1 背景

　「国民の安心・安全と持続的な成長に向けた総合経済対策」(令和6年11月22日閣議決定)において、介護現場における人手不足の解消や職員の定着を図るための包括的な取組みが盛り込まれ、令和6年度補正予算にて補助金が支給されることとなりました。

　この施策の背景には、介護職員の賃金が他産業の平均と比べて低く(次ページ図表1-11)、介護職員が他産業へ流出してしまう現状を改善するために緊急的な賃金引上げが必要とされていることがあります。他産業との賃金格差を縮めると同時に、介護職員の仕事への満足度やモチベーションを向上させ、職員の定着を促進することを目的としています。

　加えて、介護現場における生産性向上や業務効率化を進めることで職場環境を改善し、職員が働きやすい環境を整えるとともに業務負担を軽減することで離職を防ぐことを目指しています。この改善のために、介護職員が自身の業務内容を見直し、業務の改善策を提案する仕組みを導入し、職員が自発的に職場環境の向上に取り組むことを促進します。

● 図表1－11

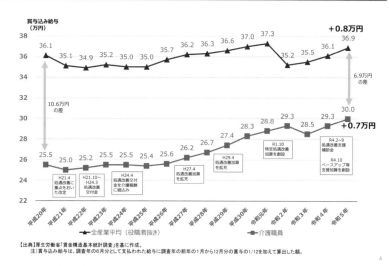

（出典）第243回社会保障審議会介護給付費分科会（web会議）資料
（令和6年12月23日）

Ⅵ－①－2　支給要件等

　まず、補助金の支給対象となる事業所は、「介護職員等処遇改善加算」を取得していることが基本条件となっています（図表1－12）。つまり、既に職場環境改善に関する一定の取組みを行っている事業所が対象となります。

　さらに、生産性向上や職場環境改善に向けた具体的な取組みを行う必要があります。例えば、業務効率化を目的とした業務の洗出しや業務改善のための計画を策定することが求められます。この計画は、事業所が行う改善策を記したものであり、都道府県に提出することが義務付けられています。提出された計画は、支援の適格性を判断するための重要な資料となります。

　取組みの内容は、事業所の種類によっても異なり、例えば、施設系

● 図表1－12

【〇介護分野の生産性向上・職場環境改善等による更なる賃上げ等の支援】
施策名：介護人材確保・職場環境改善等に向けた総合対策（介護人材確保・職場環境改善等事業）　　令和6年度補正予算　806億円

① 施策の目的
〇 介護人材の確保のためには、他産業の選択・他産業への流出を防ぐため、全産業平均の給与と差がつく中、緊急的に賃金の引き上げが必要。
〇 賃上げとともに、介護現場における生産性を向上し、業務効率化や職場環境の改善を図ることにより、職員の離職の防止・職場定着を推進することが重要。

② 対策の柱との関係
Ⅰ　Ⅱ　Ⅲ
〇

③ 施策の概要
・介護職員等処遇改善加算（※1）を取得している事業所のうち、生産性を向上し、更なる業務効率化や職場環境の改善を図り、介護人材確保・定着の基盤を構築する事業所に対し、所要の額を補助する。
　※1 介護職員等処遇改善加算の更なる取得促進をあわせて実施。
・介護事業所において、その介護職員等が、更なる生産性向上・職場環境改善のため、自身の業務を洗い出し、その改善方策にも関与できる形とする等のための基盤構築を図る。このため、当該職場環境改善等の経費（※2）に充てるほか、介護職員（※3）の人件費に充てることを可能とする。
　※2 介護助手等を募集するための経費や、職場環境改善（例えば、処遇改善加算の職場環境要件の更なる実施）のための様々な取組を実施するための研修等の経費　など
　※3 当該事業所における介護職員以外の職員を含む。

④ 施策のスキーム図、実施要件（対象、補助率等）等

■支給対象
(1) 介護職員等処遇改善加算の取得事業所
(2) 以下の職場環境改善等に向けた取組を行い、そのための計画を策定し、都道府県に提出する事業所
　① 施設、居住サービス、多機能サービス、短期入所サービス等
　→ 生産性向上推進体制加算の取得等に向けて、介護職員等の業務の洗い出し、棚卸しとその業務効率化など、改善方策の立案を行う
　② 訪問、通所サービス等
　→ 介護職員等の業務の洗い出し、棚卸しとその業務効率化など、改善方策立案を行う

① 介護人材確保・職場環境改善等事業計画書等を提出
② 交付決定、補助金交付（補助率10/10）
③ 実績報告書を提出

※ 国保連システムを改修し、都道府県は、国保連から提供された各事業所の交付額一覧に基づき交付決定を実施。国保連システムを改修するとともに、国・都道府県に必要な事務費等を確保

⑤ 成果イメージ（経済効果、雇用の下支え・創出効果、波及プロセスを含む）
介護現場における生産性向上や職場環境改善を図ることにより、介護職員の確保・定着や介護サービスの質の向上につなげる。

（出典）第243回社会保障審議会介護給付費分科会（web会議）資料
（令和6年12月23日）

サービス（居住サービスや短期入所サービスなど）を提供する事業所の場合、業務の洗出しや棚卸しを行い、それに基づいて業務効率化の計画を立案する必要があります。一方、訪問サービスや通所サービスを提供する事業所では、職員が実際に行っている業務内容を詳細に分析し、業務改善方策を策定することが求められます。このように、サービスの形態に応じた改善活動を計画的に進めることが要件とされています。

　取組みの内容は、新加算における職場環境等要件とも重複します。すなわち、職場環境等要件における生産性向上区分の内容を実施するための具体的な計画を立案することを求めているということです。特に施設系は、生産性向上推進体制加算の算定要件を早期にクリアすることを求めていることを理解すべきです。

　補助金は、介護職員の人件費だけでなく、業務改善や職場環境の向上

に関連する経費にも使用することができます。具体例としては、介護助手の採用にかかる費用、職場環境を整備するための研修費用、またはICTの導入に関連する経費などが含まれます。

　これにより、職場全体の効率性と働きやすさを向上させるための幅広い活動を支援対象としています。

Ⅵ－①－3　補助金の受給手順

　補助金支給のプロセスでは、計画書の提出だけでなく、実施後の成果について報告書を作成することも求められます。この実績報告書は、取組みの進捗状況や達成された成果が記載され、施策が適切に運用されていることを確認するための資料となります。透明性の高い運用プロセスを通じて、補助金が有効に活用されることを確保するためです。

　最初のステップは、補助金を申請するための準備です。まず自社の現状を分析し、課題を明確化します。

　その後、これらの課題を解決するための取組みを具体化した計画書を作成します。この計画書には、生産性向上や職場環境改善のために実施する具体的な施策、期待される成果、予算配分の詳細を記載します。

　計画書は都道府県に提出し、計画書に基づいて実施する取組みの内容が適切であり、補助金を活用する価値があると認められると補助金交付の決定が行われます。

　補助金が交付されたら、計画書に基づいて職場環境改善や生産性向上の取組みを実行します。この段階では、計画の実施状況を記録し、必要に応じて進捗を調整することが求められます。例えば、ICTの導入や研修の実施など、具体的な活動が計画どおりに進んでいるかを確認します。

　取組みが終了した後、実績報告書を作成します。この報告書には、計画に基づいて行った活動の内容、実際に使用した補助金の金額とその用途、達成された成果を詳細に記載します。また、計画と実際の活動に差異があった場合、その理由と対応策も記載します。この報告書を通じて、事業所が補助金を適切に使用したことが確認されます。

実績報告書は都道府県に提出し、計画どおりに補助金を活用したことが確認されると、補助金受給のプロセスは完了します。必要に応じて、現地視察や追加の書類提出が求められる場合もあります。

■Ⅵ-②　さらなる処遇改善加算の取得促進のための要件弾力化と申請様式の簡素化

Ⅵ-②-1　背景

　処遇改善加算は、介護職員の賃金向上を目的として導入された制度であり、多くの事業所が活用しています。しかし、一部の介護事業所（特に中小事業所）では加算取得に必要な条件を満たすことが困難な状況があり、制度利用率の向上が課題となっています（次ページ図表1－13）。

　そこで、加算取得を後押しするために要件弾力化と申請様式の簡素化が講じられることとなりました。特に、要件の弾力化は加算取得への対応が遅れている事業所や加算取得に必要な準備に時間を要する事業所が円滑に新要件に対応できるようにするためのもので、新加算の3要件のうち、キャリアパス要件と職場環境等要件について講じられることとなりました。

● 図表1－13

介護職員等処遇改善加算の取得状況

	加算Ⅰ	加算Ⅱ	加算Ⅲ以下	加算Ⅲ	加算Ⅳ	加算Ⅴ	未取得
在宅系 注1	36.9%	35.8%	27.3%	13.4%	3.2%	3.5%	7.1%
訪問介護	35.7%	36.6%	27.7%	13.1%	3.5%	3.9%	7.1%
居住系 注2	45.2%	43.0%	11.9%	7.3%	1.4%	2.1%	1.0%
施設系 注3	71.3%	17.7%	11.0%	5.2%	1.7%	2.7%	1.4%
介護老人福祉施設 注4	76.6%	16.5%	6.9%	4.0%	0.8%	1.6%	0.6%
介護老人保健施設	65.1%	20.6%	14.3%	6.2%	2.5%	4.1%	1.6%
全体	42.3%	36.0%	21.7%	11.0%	2.6%	3.1%	5.0%

【出典】介護保険総合データベースの任意集計（令和6年8月サービス提供分）
注1）在宅系：訪問介護、通所介護、通所リハビリテーション、定期巡回・随時対応型訪問介護看護、夜間対応型訪問介護、地域密着型通所介護、小規模多機能型居宅介護、看護小規模多機能型居宅介護　等
注2）居住系：短期入所生活介護、認知症対応型共同生活介護、特定施設入居者生活介護　等
注3）施設系：介護老人福祉施設サービス、地域密着型介護老人福祉施設サービス、介護老人保健施設サービス、介護医療院サービス
注4）地域密着型を含む。

処遇改善加算の移行状況（訪問介護・9月時点）

	新加算への移行に伴い、令和6年9月時点で増収効果が想定される事業所割合	
新加算Ⅰグループ	約3%	
新加算Ⅱグループ	約20%	
新加算ⅢⅣグループ	約52%	約45%
未取得	約21%	

※：新加算Ⅰグループ　：旧介護職員処遇改善加算に加え、旧介護職員等特定処遇改善加算Ⅰを取得していた事業所
　　新加算Ⅱグループ　：旧介護職員処遇改善加算に加え、旧介護職員等特定処遇改善加算Ⅱを取得していた事業所
　　新加算ⅢⅣグループ：旧介護職員等特定処遇改善加算を取得せず、旧介護職員処遇改善加算を取得していた事業所
※：速やかに傾向を把握するため、事業所の申請に基づく事業所台帳情報のデータを用いて作成。
　　（なお、介護保険総合データベースの任意集計（令和6年8月サービス提供分）においては、
　　加算Ⅰ：35.7%、加算Ⅱ：36.6%、加算ⅢⅣ：16.6%、加算Ⅴ：3.9%、未取得：7.1%となっている。）
※：処遇改善加算の加算率上昇分と基本報酬引き下げ分を単純計算して、プラスになる場合を増収としており、他の加算の取得状況は考慮していない。

（出典）第243回社会保障審議会介護給付費分科会（web会議）資料
（令和6年12月23日）

● 図表1－14

処遇改善加算の更なる取得促進に向けた方策

	未取得	加算Ⅳ	加算Ⅲ	加算Ⅱ	加算Ⅰ
		・賃金体系等の整備及び研修の実施等			
		・加算Ⅳ相当額の2分の1（=4.5%）以上を月額賃金で配分			
職場環境の改善		① ○	① ◎	◎	◎
昇給の仕組み		② ○	○	○	○
改善後賃金年額440万円			③ ○	○	○
経験・技能のある介護職員					◎

①：令和7年度から新たに適用される「職場環境等要件（職場環境改善）」への対応。
　※　○：6区分からそれぞれ1つ以上、◎：6区分からそれぞれ2つ以上の取組を行う。
→　令和7年度中に要件整備を行う誓約をすることで、職場環境等要件を満たしたものとする。（通知改正）
　　さらに、「介護人材確保・職場環境改善等事業」を申請している事業所においては、職場環境等要件を満たしたものとする。（通知改正）

②：「昇給の仕組み」への対応
→　令和6年度は誓約により満たすこととしている「資格や勤続年数等に応じた昇給の仕組みの整備」の要件について、経過措置の延長により、令和7年度においても誓約により満たしたものとする。（通知改正）
※「賃金体系等の整備及び研修の実施等」も同様の扱いとする。

③：「改善後賃金年額440万円」への対応
※「経験及び技能を有する介護職員と認められる者のうち一人は、賃金改善後の賃金の見込額が年額440万円以上」とする。
→　現行規定において「加算の算定見込額が少額であることその他の理由により、当該賃金改善が困難である場合」は当該要件の適用除外となっている点について、当該規定の周知や明確化を行う。（通知改正、QAの発出）

加えて、申請の事務負担への対応として、以下の措置を講じる。
・　要件を満たしているかどうかの確認を可能な限りチェックリスト方式とするなど申請様式の簡素化。
・　①処遇改善加算、②介護人材確保・職場環境改善等事業及び③生産性向上推進体制加算Ⅱの申請様式を一体化。
・　さらに、訪問介護事業所については、①、②及び「訪問介護等サービス提供体制確保支援事業」の申請様式を一体化。

※　要件弾力化は2月の申請受付から適用。

（出典）第243回社会保障審議会介護給付費分科会（web会議）資料
（令和6年12月23日）

Ⅵ－②－2　キャリアパス要件の弾力化

Ⅵ－②－2－(1)　「昇給の仕組み」の整備（キャリアパス要件Ⅲ）

● 図表1－15

②：「昇給の仕組み」への対応
→　令和6年度は誓約により満たすこととしている「資格や勤続年数等に応じた昇給の仕組みの整備」の要件について、経過措置の延長により、令和7年度においても誓約により満たしたものとする。（通知改正）
※「賃金体系等の整備及び研修の実施等」も同様の扱いとする。

　まず、「昇給の仕組み」の整備（キャリアパス要件Ⅲ）に関して、経過措置が延長されます。通常、昇給制度を整備するには一定の準備期間が必要ですが、2025年度においても事業所が「昇給制度を整備する計画を策定し、それを誓約する」ことで、要件を一時的にクリアしたもの

とみなされます。

　つまり、実際の昇給制度の運用がまだ始まっていなくても、2025年度中に計画を立て実施する意図を明確に示すことで、加算取得を可能とする柔軟な対応が認められるのです。

　この誓約の内容としては、2025年度中に昇給制度を整備し、実施可能な状態にすることが求められます。この措置は、単に介護事業所に猶予期間を与えるだけでなく新要件に取り組むきっかけを与え、最終的には制度の完全導入へとつなげることを目的としているためです。

Ⅵ-②-2-(2)　「賃金体系の整備や研修の実施」（キャリアパス要件Ⅰ・Ⅱ）

　さらに、「賃金体系の整備や研修の実施」（キャリアパス要件Ⅰ・Ⅱ）に関しても、介護事業所が「整備する計画を策定し、その実施を誓約」することで要件を満たすとみなされる特例措置が適用されます。計画段階でも要件を一時的にクリアできるため、加算取得の権利を失わずに済み、制度改正への即時対応が困難な介護事業所でも柔軟に対応できる時間的猶予が与えられます。

　研修の実施についても同様に扱われます。これは、職員のスキル向上や業務効率化を目的とした教育プログラムを整備・実施することを求めるものですが、介護事業所が研修プログラムを整備する計画を示し、その実行を誓約すれば、要件を一時的に満たすことが認められます。

　この研修の実施に関する経過措置では、2025年度中に計画を実際に実行に移すことが求められます。この仕組みは、単なる緩和策ではなく、最終的にすべての介護事業所が新要件に適応し、処遇改善を実現するための移行措置として設計されているためです。

Ⅵ-②-2-(3) 「改善後の賃金年額が440万円以上となる介護職員の配置」(キャリアパス要件Ⅳ)

● 図表1−16

> ③:「改善後賃金年額440万円」への対応
> ※「経験及び技能を有する介護職員と認められる者のうち一人は、賃金改善後の賃金の見込額が年額440万円以上」とする。
> → 現行規定において「加算の算定見込額が少額であることその他の理由により、当該賃金改善が困難である場合」は当該要件の適用除外となっている点について、当該規定の周知や明確化を行う。(通知改正、QAの発出)

　また、「改善後の賃金年額が440万円以上となる介護職員の配置」(キャリアパス要件Ⅳ) に対しても特例措置が設けられています。特に、中小規模事業所や地域格差が大きい事業所が新要件を即時に満たすことが困難な状況に対応するために、講じられることとなりました。

　通常、この要件では、介護事業所が「経験や技能を有する介護職員」を配置し、その職員の賃金が改善後に年額440万円以上となることが求められます。この基準は、介護職の専門性を評価し、人材の定着や新規採用を促進するために設定されています。

　しかし、特に賃金水準が低い地域や小規模事業所においてこの要件を短期間で達成するのは困難であることから、2025年度では、介護事業所がこの要件を直ちに満たしていない場合でも、小規模事業所である等の理由により改善が困難な場合は、「合理的な説明」を計画書および実績報告書に具体的に記載(合理的な理由を説明する申立書(自由様式)を添付)することにより、当該賃金改善を行わないことが可能とされました。また、介護事業所全体の賃金水準が低く、直ちに1名のみの賃金を大幅に引き上げることが困難な場合、これまで以上に介護事業所内の階層、役職やそのための能力・処遇を明確化することが必要になるため、規程の整備や研修・実務経験の蓄積などに一定期間を要する場合の特例としても設けられています。

　この合理的な説明を提出することで、要件を一時的に満たしたものとみなされ、加算取得の資格を維持することが可能になります。ただし、この特例措置では、その実行に向けた具体的な取組みが行われてこ

とが求められます。介護事業所は、この特例を活用しながら計画的かつ持続可能な方法で職員の処遇改善を進めていく必要があります。

Ⅵ-②-3　職場環境等要件の弾力化

● 図表1-17

①：令和7年度から新たに適用される「職場環境等要件（職場環境改善）」への対応。 　※　○：6区分からそれぞれ1つ以上、◎：6区分からそれぞれ2つ以上の取組を行う。 →　令和7年度中に要件整備を行う誓約をすることで、職場環境等要件を満たしたものとする。（通知改正） 　　さらに、「介護人材確保・職場環境改善等事業」を申請している事業所においては、職場環境等要件を満たしたものとする。（通知改正）

「職場環境等要件」では、介護事業所が業務効率化や現場改善の取組みを計画し、それを実行に移すことが求められます。しかしながら、これらの取組みを迅速に整備し実施することは、特に小規模事業所やリソースが限られた事業所にとって大きな負担となり短期間で要件を完全に満たすことが困難な状況にあるため、特例措置が講じられることとなりました。

具体的には、介護事業所が生産性向上の具体的な取組みを完了していない場合でも、「改善計画」を策定し、その実行を誓約することで要件を一時的に満たしたものとみなす仕組みが導入されました。

改善計画では、まず事業所が抱える課題を明確化することが求められます。これには、現在の業務プロセスの現状分析や、非効率的な作業の特定、職場環境における改善の余地を洗い出す作業が含まれます。次に、これらの課題に対して、どのような具体的な改善策を講じるかを計画書に記載します。例えば、ICT機器の導入、作業スペースの配置変更、職員間の業務分担の見直しなどが挙げられます。

さらに、改善計画には明確なスケジュールと目標が設定されなければなりません。このスケジュールには、改善策の実施開始時期、進捗状況を確認するタイミング、そして最終的な目標達成時期が含まれます。

この特例措置では、計画が単なる形式的なものではなく、実行可能であることが前提とされています。2025年度中には計画に基づく取組みが開始され、その進捗が確認される必要があります。

改善計画の策定においては、現場の職員が主体的に参加することも重要とされています。職員が自身の業務内容を見直し、改善の提案に関与することで、計画の実効性が高まるとともに、職員自身が変化に対して積極的に対応する意識を持つことが期待されています。

　改善計画を実行に移すプロセスでは、進捗が適宜確認される仕組みが導入されており、進捗状況が明確に把握されることで、事業所が計画どおりに改善を進めているかどうかが評価されます。

Ⅵ-②-4　申請様式の簡素化

● 図表1－18

加えて、申請の事務負担への対応として、以下の措置を講じる。
・ 要件を満たしているかどうかの確認を可能な限りチェックリスト方式とするなど申請様式の簡素化。
・ ①処遇改善加算、②介護人材確保・職場環境改善等事業及び③生産性向上推進体制加算Ⅱの申請様式を一体化。
・ さらに、訪問介護事業所については、①、②及び「訪問介護等サービス提供体制確保支援事業」の申請様式を一体化。

　上述の要件弾力化は、2025年2月の申請受付から適用されることとされています。要件弾力化は、事業所が新たな要件の準備や実施に伴う困難を克服するための支援策として講じられるものですから、要件弾力化の適用を受けるために介護事業所が提出する各種計画には、職場環境改善、生産性向上、昇給制度の整備、あるいは賃金改善に関する具体的な方策やスケジュールを記載することとされています。申請内容は、それぞれの事業所の状況やリソースに応じて柔軟に評価されるため、すべての要件を直ちに満たしていなくても、一定の取組みや計画が示されていれば、申請が受理される仕組みとなっています。

　さらに、申請様式の簡素化も講じられます。具体的には、従来の複雑な書類作成が必要だった申請手続きに代わり、要件を満たしているかどうかをチェックリスト形式で確認する方法が導入されます。これにより、事業所は複数の書類を作成する負担を減らし、必要な項目に迅速かつ効率的に対応することが可能となります。

　複数の加算申請を行う場合においても、手続きが一元化されています。例えば、「処遇改善加算」「介護人材確保・職場環境改善事業」「生

産性向上推進体制加算」の各申請が、統一された様式で一括して行えるようになっています。特に訪問介護事業所では、これらに加えて「訪問介護等サービス提供体制確保支援事業」の申請も統合されており、手続き全体が効率化されています。

　また、要件弾力化の適用後には、事業所が提出する申請書類に基づき、都道府県や関連機関が迅速に内容を審査し、適切な支援や助成金を提供する体制も整備されています。

　こうした手続き全体にわたる措置は、介護事業所が新要件に適応するための準備期間を確保し、現場の負担を軽減する一方で、政策の目的である介護職員の処遇改善や労働環境の向上を実現することを目指すものです。結果的に、手続きの合理化と支援の充実により、制度導入後の混乱を最小限に抑えながら、介護業界全体の質的向上につながることが期待されています。

第2章
介護職員等処遇改善加算を算定するための人事制度を考える

人事制度を考える上で考慮すべき事項

　介護事業所の人事制度を考えるにあたって、一般的な事業会社（株式会社）の人事制度の構築とは異なり、収益体制や人員配置など、この業界の特殊性をある程度考慮しなければなりません。そして介護事業所が生き残るためには、介護サービスの提供体制を良くしていって回転率等を上げ、多くの加算を算定して、収益を上げていくことが大前提となります。一方で、今後はDX化やロボットの活用などを試みて生産性を上げていくこと、そして、「職員＝人に依存する仕事」という特性を踏まえ職員を大切にした上で、人件費率を適正にコントロールしていくことが至上命題となります。

　そこで、まず人事制度を考える上で必要な前提として介護業界の特性を整理し、人事制度策定にあたり留意すべき労働関係法令を確認します。

　その上で、新加算をどのように人事制度の策定や改定に応用していったらよいのかを考えることとします。

■ Ⅰ−① 介護業界の特性

Ⅰ−①−1　上限が決まっている介護報酬の範囲内で職員に報いるため処遇改善加算の算定は必須

　一般的な営業収益を目的とする事業会社（株式会社）とは異なり、介護事業所の多くは、介護保険からの収入（介護報酬）で収益が成り立っています。介護報酬は、「事業者が利用者（要介護者又は要支援者）に介護サービスを提供した場合に、その対価として事業者に対して支払わ

れるサービス費用」(厚生労働省ホームページより引用)と定義されており、サービスの内容や利用者の介護度、事業所の場所等介護サービスを提供するために必要な費用を考慮して定められていて、原則3年に1回のペースで見直されます。

　介護報酬には基本的なサービスに対して支払われる基本報酬に加えて加算される部分があり、以下のような場合に基本報酬に追加で費用を請求できます。
・山奥や離島など、職員が訪問することが困難な場所を訪れる場合
・サービスごとに設定された基本的な費用に加えて、介護事業所のサービス提供体制や利用者の状況に応じて認定された要件を満たした場合

　介護事業所は許可(指定)の段階で、サービス内容と利用者の定員が決まっているため、結果的に介護報酬を増加させるためには、定員にできるだけ近い利用者数を確保しながら、加算要件に当てはまる介護をきちんと行っていくことが必須となります。そして、事業所の介護報酬をジャンプアップさせるには、サービス提供の事業所そのものを増加させる(介護施設をもう1つ作るなど)等の大きな構造的な改定が必要となります。

　ここが、一般の事業会社の人事制度を考えるときと決定的に異なる部分です。すなわち、事業による営業利益が上がれば従業員に分ける人件費も大きくすることができる一般の事業会社と違い、収益となる介護報酬の上限はある程度決まっていて、その範囲内で工夫しながら職員に報いていくことを考えなければなりません。必然的に、人事制度自体は事業会社と異なり、総額人件費率を睨んだある程度保守的な構成になるのは否めません。そして、収益確保のために算定できる加算はできる限り算定する方向に持っていかざるを得ません。その中で、人件費の改善のみに活用できる処遇改善加算の算定は必須と考えます。

Ⅰ-①-2　職員確保における厳しい現実

　介護事業所の提供するサービスの内容は、ある程度決まった範囲の中でそれぞれの介護事業所が工夫していくものです。サービス提供の内容

が良ければ、地域の介護支援専門員、利用者等に魅力的な事業所となり、定員確保にプラスとなると思います。そのような理想的な事業所を目指そうにも、定員に対し、職員の数が確保できなければ、加算どころか介護報酬減算となり、ひいてはユニット閉鎖などの事態を招くことになります。

介護人員の有効求人倍率の推移（**図表2－1**）によると、有効求人倍率は2022年度で4.39倍と依然とても高くなっています（一般有効求人倍率は1.28倍（厚生労働省、2022年））。

● 図表2－1

	有効求人数 人数(平均)(A)	割合	有効求職者数(複数回答) 人数(平均)(B)	割合	有効求人倍率(A/B)	前年度有効求人倍率	対前年度増減
介護職（ヘルパー以外）	28,420人	43.3%	5,312人	40.9%	5.35倍	5.01倍	＋0.34pt
介護補助（介護助手）	617人	0.9%	1,120人	8.6%	0.55倍	0.56倍	－0.01pt
相談・支援・指導員（施設）	8,871人	13.5%	3,415人	26.3%	2.60倍	2.14倍	＋0.46pt
相談・支援員（相談支援機関等）	554人	0.8%	1,317人	10.1%	0.42倍	0.39倍	＋0.04pt
介護支援専門員	2,276人	3.5%	526人	4.1%	4.33倍	3.69倍	＋0.64pt
ホームヘルパー	6,381人	9.7%	854人	6.6%	7.47倍	6.53倍	＋0.94pt
保育士	7,723人	11.8%	2,087人	16.1%	3.70倍	3.76倍	－0.06pt
保育補助	438人	0.7%	703人	5.4%	0.62倍	0.48倍	＋0.14pt
社会福祉協議会専門員・相談員	194人	0.3%	915人	7.0%	0.21倍	0.17倍	＋0.05pt
セラピスト	787人	1.2%	137人	1.1%	5.76倍	5.82倍	－0.05pt
看護職	4,878人	7.4%	281人	2.2%	17.34倍	17.89倍	－0.56pt
事務職	590人	0.9%	1,032人	7.9%	0.57倍	0.50倍	＋0.07pt
栄養士	328人	0.5%	63人	0.5%	5.17倍	2.57倍	＋2.60pt
調理員	981人	1.5%	255人	2.0%	3.84倍	3.35倍	＋0.49pt
管理職	161人	0.2%	150人	1.2%	1.07倍	0.89倍	＋0.18pt
サービス提供責任者等	829人	1.3%	314人	2.4%	2.64倍	2.02倍	＋0.61pt
その他	1,612人	2.5%	1,087人	8.4%	1.48倍	1.31倍	＋0.17pt
合計	65,638人		12,984人				

有効求人数および有効求職者数の合計は、詳細情報の記入のあった求職者数であり、全数と一致しない。また、合計は複数回答による重複を除いた数を示す。

（出典）社会福祉法人全国社会福祉協議会 中央福祉人材センター
『令和5年度 福祉分野の求人求職動向』

また、不足する介護人材の採用方法については、民間職業紹介事業者を利用した割合が介護職員では41.5％（厚生労働省職業安定局需給調整事業課『医療・介護分野における職業紹介事業に関するアンケート調査』2019年12月）と、高額な紹介料が事業所の重荷になっているケースも多いです。

このような状況下で職員を確保するには、待遇面と働きやすさ（休日・休暇の日数、夜勤やシフト等の組み合わせや柔軟さ、時間外労働等

が多くないことなど）を検討せざるを得ません。逆に、待遇面と働きやすさの両輪で人事制度を考えていけば、採用競争力が上がるということです。

したがって、主に待遇面をアップさせるには加算の算定が必須で、処遇改善加算はなるべく上位を算定し、職員に報いる必要があります。

Ⅰ－①－3　職種、サービスの種類の多さゆえ人事制度が複雑になりやすい

介護という仕事は介護職のみで成り立っているわけではなく、看護職、栄養職、介護支援専門員、機能訓練指導員など、多職種によるチーム介護を行っているケースが多く、クリアすべき人員配置基準も決められています。加えて、介護職、専門職を支える事務職の職員もいます。

処遇改善加算を算定する上でのキャリアパス策定義務の対象は全介護職とされ、旧加算では専門職に配分できる金額に限りがありました。新加算では配分の自由度は高くなったものの、新加算においてもまったく配分がない部署や職種があります。新加算の制度に合わせて介護職だけの人事制度とすると、他の職種とのバランスが悪くなったり採用基準等にもぶれが出たりして、かえって不平が出たりします。これまで、単に周りの採用基準等に合わせて専門職の採用を行っていた事業所等は、勤務実態と格差のある賃金配分になっていたり、賃金制度自体にゆがみが出ていたりします。

また、介護保険サービスは多岐にわたるため、同一事業所内でも夜勤のある部署と夜勤のない部署が混在するのは普通にみられる光景です。そして、同じ看護師であっても訪問看護とデイサービスでは職務の内容が異なるなど、サービスの種類が多いゆえに人事制度が複雑になってしまうケースも多くあります。

さらに介護報酬はサービスによって単価が異なり、算定できる加算の要件も異なるので、サービス対人件費というような概念が出てきてしまうと、一層、人事制度は複雑なものになっていくことが考えられます。

本来はなるべくシンプルかつ職員にとってわかりやすい人事制度であ

るべきなのに複雑になってしまう背景には、介護保険制度の複雑さが原因となっているケースも多くあります。

そのため、一旦サービスの種類や職種等を整理して、どのように人事制度を考えていくのか、方向性を見出すことが必要です。

Ⅰ－② 留意すべき労働関係法令

Ⅰ－①－2で見たように、介護事業所の人事制度を考えるにあたって、処遇改善加算をできる限り上位で算定することはとても重要です。さらに前提として、労働関係法令への対応を行う必要があります。

Ⅰ－②－1 労働時間、休日・休暇

客観的な労働時間の把握（④）が管理監督者を含むすべての労働者に義務付けられており、一般の職員においても、労働時間への関心が高くなっています。介護事業所の労働時間はもともと複雑なシフト体制を組んでいる場合が多く、勤怠システム等のDX化が困難で「客観的な」労働時間の把握ができていないケースも散見されました。その結果、今まであまり目立たなかった超過勤務（これも労働者申告のみで計算されることが多い）が大きくクローズアップされてきています。

また、①の時間外労働時間の上限規制等もあり、今までのんびりとやりたいように仕事を進めていた管理者が他事業所から入職してきた新人職員から超過勤務について疑問を呈され、事業所がきちんと対応しなければ申告により監督署が調査に入るようなケースが激増しています。実態として超過勤務が起こっていない状況にする、もしくは適正な範囲内の超過勤務を行った場合に正しく労働時間を把握して適正な残業代を支払うという体制にもっていかないと、人事制度を整えても足元から人件費が流出することになります。

一方、年5日の年次有給休暇取得義務（②）により、ワークライフバランスへの意識がより高まっています。採用においても、公休日の日数を気にする求職者が増加し、きちんと休めるということは、職員の意識

● 図表2-2

項目	概要
①残業時間の上限規制	・残業時間の上限は、月45時間・年360時間 ・労使合意する場合でも、年720時間・2～6カ月の平均80時間以内（休日労働含む） ・月100時間未満（休日労働含む）が限度。残業月45時間超は年間6カ月まで
②年5日間の年次有給休暇の取得	10日以上の年次有給休暇が付与される従業員に対して、毎年、5日は時季を指定して取得させなければならない
③労働時間の客観的な把握	管理監督者を含むすべての従業員について、労働時間を客観的な方法により把握しなければならない
④不合理な待遇差の解消（同一労働同一賃金）	同一事業所に雇用される、正規雇用労働者と非正規雇用労働者の間で、基本給、賞与その他の待遇のそれぞれについて、不合理な待遇の相違を設けることが禁止される

として大きなものになってきています。旧態依然の人員配置、つまり労働時間もギリギリでシフトを回している介護事業所において休日・休暇の数だけ確保しようとすると、必然的に超過勤務や休日出勤が増えるということが起こりかねず、やはり人件費の増加が避けられなくなります。特に医療職や専門職等、人員が限られているところで無計画に休日・休暇の増加を行うと、あっという間に超過勤務だらけというような事態が起こりかねません。

これらの問題を解決していくには、第1章で取り上げたDX化やICT化など、工夫できることを工夫していくことが大変重要となります。また人員面でも、介護助手、医療の助手、ボランティアの活用等いろいろな工夫をして、職員がやらなければいけない業務を整理していく必要があると考えます。これには、第1章で解説した職場環境等要件の取組みを一つひとつ検討していくことが、非常に有効な解決への道となります。

Ⅰ-②-2　同一労働同一賃金

Ⅰ-②-2-(1)　法律の趣旨に沿って労働者を区分する

　介護事業所における同一労働同一賃金への対応は、対応が難しいケースも多いです。まず、法令の趣旨を整理してみましょう。

　同一労働同一賃金の趣旨としては、正規労働者と非正規労働者（パー

● 図表2-3　同一労働同一賃金　対象者と待遇

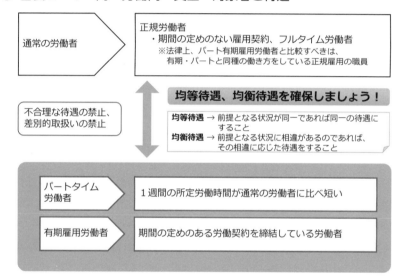

トタイマー、有期労働者）の間に不合理な待遇差がないようにする、また差別的な取扱いがないようにするという、あくまで正規労働者と非正規労働者間の均等待遇、均衡待遇の問題となります。

　均等待遇、均衡待遇とは、前提となる状況が同一であれば同一の待遇を、また前提となる状況に相違があるのであればその相違に応じた待遇をすることとされ、前提となる状況とは、職務の内容、職責、配置の変更範囲、その他の事情とされています。

● 図表2-4　均等待遇、均衡待遇

I　職務内容・職責	II　職務内容・配置の変更範囲	III　その他の事情
・業務内容 ・責任の程度	・人材活用の仕組みや運用など	

I・IIが正職員と同じ場合

均等待遇：同じ待遇が求められる

I～IIIが正職員と違う場合

均衡待遇：I～IIIを考慮して不合理な待遇差は禁止

I 職務内容

《業務の内容》
・継続して行う業務の内容・範囲等

《責任の程度》
・付与されている権限の範囲・程度
　（部下の数、決裁権限の範囲等）
　→職務権限規程等
・求められる役割の範囲
・トラブル発生時や緊急時等の期待の程度　等

II 職務の内容・配置の変更範囲

《職務内容の変更範囲》
・キャリアパス整備・運用
　→役割、職務範囲、経験、要件等

《配置の変更の範囲》
・転勤や昇進、出向等の人事異動

　要するに職務の内容や職責、配置の変更の範囲等が同じであれば不合理な待遇差がないようにしなければならないのですが、あくまで正規労働者と非正規労働者の間の話です。

　よくある誤解は、正規労働者の間で異なる待遇がある場合まで同一労働同一賃金の趣旨を当てはめなければならないのかとか、超短時間勤務で職責のないパート職員にまで正職員と同等の体系で処遇しなければならないのかなど、法律の趣旨を誤って解釈して困っているケースです。

　そのため、労働者の区分をきちんと考えることが問題解決の糸口になります。法律の趣旨に沿って職務の内容や職責、配置の変更範囲に何らかの区分を設け、正規職員と非正規職員とを分けることができるのかという視点から今後の労働者の区分を考えなければ、そもそものキャリアパスが組めないということになりかねません。

　特に介護事業所では、フルタイムで勤務しているパート職員がなぜパートの待遇なのか説明できない、リーダー職の職員が単に夜勤回数が少ないという理由で非正規扱いとされているなど、諸々の問題があるように見

受けられます。フルタイム勤務であってもパート待遇とするのであれば、希望休日シフトを優先的に出せる、委員会活動に参加しない、非常事態の際の呼出し等に応じる義務がない、職務異動もない、などの明白な職務の違いがあり、職務の違いがあるから職責にも限定がある。だから非正規職員にカテゴライズされる、というような理由付けを行う必要があります。就業規則で非正規職員の定義規定において「時給で支払われている職員」等定めるだけでは、法律の趣旨にはそぐわないのです。

　本来は、一つひとつの職員のカテゴリーについて法律の趣旨に基づいて定義付けをし、だからこのような待遇差があるということを明確に就業規則等で規定し、それぞれのカテゴリーの規則にそれぞれの待遇を記載しておく必要があります。そして、この従業員区分がもとになってカテゴリー別のキャリアパス、人事制度となっていくのが望ましいと考えます。予算等の関係でなかなか踏み切れないという事業所も多くあるのが現実と思いますが、経過措置等を入れながら、あるべき姿の方向へ持っていくことが重要と考えます。

Ⅰ-②-2-(2)　職員区分による待遇の均等均衡を検討する①（正職員⇔定年前非正規職員）

　職員区分の明確化を行った後、実際に、正職員と非正規職員とで待遇差がある部分について、説明可能かどうかを検討します。

　検討の参考として、同一労働同一賃金ガイドラインの概要（図表2-5）と、最高裁判決（長澤運輸事件（平成30年6月1日）、日本郵便事件（令和2年10月15日）、メトロコマース事件（令和2年10月13日）、名古屋自動車学校事件（令和5年7月20日））にて各種待遇の目的がどのように判断されたかをまとめた表を示します（図表2-6）。

　また、これらを踏まえた介護事業所における同一労働同一賃金を考える上でのポイントを示します。

● 図表2-5　同一労働同一賃金ガイドラインの概要

「同一労働同一賃金ガイドライン」の概要①
（短時間・有期雇用労働者及び派遣労働者に対する不合理な待遇の禁止等に関する指針）

○ このガイドラインは、**正社員と非正規雇用労働者**（パートタイム労働者・有期雇用労働者・派遣労働者）との間で、待遇差が存在する場合に、**いかなる待遇差が不合理なものであり、いかなる待遇差は不合理なものでないのか**、原則となる考え方と具体例を示したもの。
○ 基本給、昇給、ボーナス（賞与）、各種手当といった**賃金にとどまらず、教育訓練や福利厚生等についても記載**。
○ このガイドラインに記載がない退職手当、住宅手当、家族手当等の待遇や、具体例に該当しない場合についても、不合理な待遇差の解消等が求められる。このため、**各社の労使により、個別具体の事情に応じて待遇の体系について議論していくことが望まれる。**
（詳しくはこちら）http://www.mhlw.go.jp/stf/seisakunitsuite/bunya/0000190591.html

⚠ **不合理な待遇差の解消に当たり、次の点に留意**

- 正社員の待遇を不利益に変更する場合は、原則として労使の合意が必要であり、就業規則の変更により合意なく不利益に変更する場合であっても、その変更は合理的なものである必要がある。ただし、正社員と非正規雇用労働者との間の不合理な待遇差を解消するに当たり、基本的に、**労使の合意なく正社員の待遇を引き下げることは望ましい対応とはいえない。**
- 雇用管理区分が複数ある場合（例：総合職、地域限定正社員など）であっても、**すべての雇用管理区分に属する正社員との間で不合理な待遇差の解消が求められる。**
- 正社員と非正規雇用労働者との間で**職務の内容等を分離した**場合であっても、**正社員との間の不合理な待遇差の解消が求められる。**

ガイドラインの構造

「同一労働同一賃金ガイドライン」の概要②
（短時間・有期雇用労働者及び派遣労働者に対する不合理な待遇の禁止等に関する指針）

パートタイム労働者・有期雇用労働者（1）

① 基本給
- **基本給**が、労働者の能力又は経験に応じて支払うもの、業績又は成果に応じて支払うもの、勤続年数に応じて支払うものなど、その**趣旨・性格が様々である現実**を認めた上で、それぞれの趣旨・性格に照らして、実態に違いがなければ同一の、違いがあれば違いに応じた支給を行わなければならない。
- **昇給**であって、労働者の勤続による能力の向上に応じて行うものについては、同一の能力の向上には同一の、違いがあれば違いに応じた昇給を行わなければならない。

② 賞与
- **ボーナス（賞与）**であって、会社の業績等への労働者の貢献に応じて支給するものについては、同一の貢献には同一の、違いがあれば違いに応じた支給を行わなければならない。

③ 各種手当
- **役職手当**であって、役職の内容に対して支給するものについては、同一の内容の役職には同一の、違いがあれば違いに応じた支給を行わなければならない。
- そのほか、業務の危険度又は作業環境に応じて支給される**特殊作業手当**、交替制勤務などに応じて支給される**特殊勤務手当**、業務の内容が同一の場合の**精皆勤手当**、正社員の所定労働時間を超えて同一の時間外労働を行った場合に支給される**時間外労働手当の割増率**、深夜・休日労働を行った場合に支給される**深夜・休日労働手当の割増率**、**通勤手当・出張旅費**、労働時間の途中に食事のための休憩時間がある場合の**食事手当**、同一の支給要件を満たす場合の**単身赴任手当**、特定の地域で働く労働者に対する補償として支給する**地域手当**等については、同一の支給を行わなければならない。

⚠ **<正社員とパートタイム労働者・有期雇用労働者との間で賃金の決定基準・ルールの相違がある場合>**
- 正社員とパートタイム労働者・有期雇用労働者との間で賃金に相違がある場合において、その要因として賃金の決定基準・ルールの違いがあるときは、「正社員とパートタイム労働者・有期雇用労働者は**将来の役割期待が異なるため、賃金の決定基準・ルールが異なる**」という主観的・抽象的説明ではなく、賃金の決定基準・ルールの相違は、**職務内容、職務内容・配置の変更範囲、その他の事情の客観的・具体的な実態に照らして、不合理なものであってはならない。**

⚠ **<定年後に継続雇用された有期雇用労働者の取扱い>**
- **定年後に継続雇用された有期雇用労働者についても、パートタイム・有期雇用労働法が適用される。** 有期雇用労働者が**定年後に継続雇用された者であることは、待遇差が不合理であるか否かの判断に当たり、その他の事情として考慮され得る。** 様々な事情が総合的に考慮されて、待遇差が不合理であるか否かが判断される。したがって、**定年後に継続雇用された者であることのみをもって直ちに待遇差が不合理ではないと認められるものではない。**

I 人事制度を考える上で考慮すべき事項

「同一労働同一賃金ガイドライン」の概要③
(短時間・有期雇用労働者及び派遣労働者に対する不合理な待遇の禁止等に関する指針)

パートタイム労働者・有期雇用労働者(2)

④ 福利厚生・教育訓練

- 食堂、休憩室、更衣室といった福利厚生施設の利用、転勤の有無等の要件が同一の場合の転勤者用社宅、慶弔休暇、健康診断に伴う勤務免除・有給保障については、同一の利用・付与を行わなければならない。
- 病気休職については、無期雇用の短時間労働者には正社員と同一の、有期雇用労働者にも労働契約が終了するまでの期間を踏まえて同一の付与を行わなければならない。
- 法定外の有給休暇その他の休暇であって、勤続期間に応じて認めているものについては、同一の勤続期間であれば同一の付与を行わなければならない。特に有期労働契約を更新している場合には、当初の契約期間から通算して勤続期間を評価することを要する。
- 教育訓練であって、現在の職務に必要な技能・知識を習得するために実施するものについては、同一の職務内容であれば同一の、違いがあれば違いに応じた実施を行わなければならない。

(出典)厚生労働省『「同一労働同一賃金ガイドライン」の概要』

● 図表2-6　最高裁判例等による同一労働同一賃金等の整理

待　　遇	目　　的	留意点等
・賞　与 ・退職金	「正社員人材」の確保	長期の育成人材が前提 (職能給、人事異動)
・扶養手当 ・病気休職 ・**勤続褒賞**	長期継続勤務への期待と長期の継続勤務確保	長期勤務が見込まれる契約社員には、支給が必要
・皆勤手当 ・無事故手当 ・作業手当 ・食事手当 ・年末年始勤務手当 ・夏期冬期休暇等 ・**時間外勤務手当等乗率**	各労働条件や支給の趣旨・目的が有期労働者にも該当する	勤続年数に関わらず正規・非正規同様の支給をすべき ※ガイドラインにも一定の見解あり
・住宅手当	支給の趣旨・目的がどこまであてはまるか	現実的に転勤が多い正社員グループには、住宅コストの見合いとして支給
・**外務業務手当** ・**早出勤務手当** ・**業務精通手当**	正社員とは別の形態で支給されている手当	その他事情として、労使合意等、実態として支給していることを容認

●給与、手当を考える上でのポイント

・**基本給、役職手当**

　基本給や役職手当など、正職員の職務や職責によるキャリアパス等で明確になっている賃金においては、非正規職員と異なっていても説明がつくと考えられる。ただし、基本給の中に年齢給等の属人的な部分が入っている場合、非正規職員にその部分の加算があるかどうかの確認は必要

　また、同じ役職にあるのに非正規職員だけ役職手当が支給されないケースは、キャリアパス上の例外なのか組織上に何か問題があるのか、基本的なところを考慮し直す必要あり

・**資格手当**

　資格取得という行為そのものに対して支給する手当と解釈すると、正職員のみに支給する理屈はほとんど成り立たず、資格手当相当分を非正規職員に支給できているか否かが判断ポイントとなる。時給に乗せることができれば（もしくは時給に含んでいるとできれば）そのことを明確にすることで、新加算のキャリアパス要件も満たす

・**特殊勤務手当、精皆勤手当、寒冷地手当**

　これらのうち精皆勤手当や寒冷地手当については、精皆勤を奨励するのは正職員も非正規職員も同じだったり、寒冷地で冬期に燃料費の負担が大きくなるのは正職員も非正規職員も同様だったりするため、非正規職員に支給しない理由は説明がつかない

　特殊勤務手当も、支給対象となる交替制勤務などに就くのが正職員だけであれば不合理な待遇差とはならないが、そうでなければ支給しない理由の説明がつかない

Ⅰ　人事制度を考える上で考慮すべき事項

・扶養手当、住宅手当

　扶養手当や住宅手当は、属人的な要件（扶養親族がいる、持ち家がある）により支給される手当で、原則的には正職員と非正規職員の差が説明しにくい

　住宅手当は、最高裁判例にもあるように、転居を伴う異動等がある事業所では正職員のみ異動があり非正規職員には異動がないという理由で正職員にのみ支給することが認められる

　扶養手当は、職員の親族の生活に係る部分まである程度事業所が補完することで長期継続勤務を確保したいという目的で支給するので、特に長期間勤務、長時間勤務している非常勤職員について正職員との差があると、区分する理屈が成り立たなくなる可能性が高い

　長期間勤務している非正規職員には正職員と同様の支給を検討してみる、または多少時間をかけて経過措置を設け、正職員の扶養手当を基本給や別の手当の原資に回していく、といった措置が求められる

●賞与、退職金を考える上でのポイント

・賞与

　一般的に手当よりも多様な性質（＝趣旨）が含まれ得る労働条件であるため、制度設計等において使用者の裁量がより尊重され、その目的を考慮し、かつ重視する判断枠組みが採られる

　賞与を何に対して支給するのかという根本的な部分を明確にして区分できるのかどうかを考えるべき。事業会社（株式会社）であれば、特定の営業成績等達成などの支給基準を決めることにより、そのような貢献がない非正規労働者には支給しないという発想も成り立つが、介護業界では、職務の内容から見ると厳しい

　ただ、職務の内容、職責が違うということは当初の職員区分の段

階で明らかなので、賞与の乗率が異なるのは否認されないと考えられる

　非正規職員だからまったく支給しないという発想をせず、処遇改善加算等を上手に使って、貢献度に応じた支給自体は行うべき

・退職金

　多様な性質（＝趣旨）が含まれ得る労働条件であるため、その目的を考慮し、かつ重視する判断枠組みが採られる。判例では、長期間の勤務が見込める正職員に支給すべきという理由での区分が許されている

　ただし、長期間の勤務を行うことが前提の無期の非正規職員でかつ長時間勤務（フルタイムに近い）職員等にまったく支給しなくてよいのかという部分については、今後の判断も含め検討をしておく余地あり

●その他問題になりやすい待遇を考える上でのポイント

・特別有給休暇／慶弔見舞金

　結婚や弔事のようなライフイベントは、正職員も非正規職員も等しく機会があるため、休暇や慶弔見舞金等が正職員にだけ支給されるというのは法律の趣旨に反する。長時間勤務してくれて休暇が取りにくい正職員に事業所として報いるという趣旨が加わるのであれば、非正規職員の中でも正職員と同様に勤務してくれている場合は、取得させることを検討すべき

・私傷病休職

　私傷病にかかるかどうかも、正職員と非正規職員とで区別があるわけではないので、まったく休職制度等がない場合はある程度は認

Ⅰ　人事制度を考える上で考慮すべき事項　　65

める方向で検討すべき。ただし、有期雇用の職員の雇用期間満了日が休職期間中に到来した場合は、雇用期間満了が優先となるなどは、制度として規則上規定しておくべき

Ⅰ-②-2-⑶　職員区分による待遇の均等均衡を検討する②
　　　　　　　（正職員⇔定年後再雇用職員）

　定年後再雇用で有期雇用になった職員について、基本給等が下がってしまうケースが多く見られます。定年後の継続雇用を含め非正規職員という扱いをすること自体は間違いではないのですが、職務の内容、職責、異動の範囲等が定年前と何も変わらず勤務しているのに基本給が下がってしまうのは、職員からすると納得ができないケースも多いところです。

　判例によると、定年後再雇用の場合、正職員時代の基本給にいかなる要素があるかということをベースに賃金の減少要因を考えなさい、とされています。年齢による要素があるのか、経験による要素があるのか、もしくは仕事の要素のみでの判断なのか。しかしながら、通常の介護事業所でここまで踏み込んでキャリアパスを組んでいる事業所はそんなに多くないと思います。

　一般的には、職務の内容、職責、異動の有無などを定年前の正職員時代と変えることができるか、という部分をまず検討すべきです。定年後は、若手職員に仕事を教えることを主として職務の範囲を限定させる、役職は、少なくともマネジメント部分の職責をなくす、他の事業所への異動等はなくすなど、職務の内容、職責、異動等の範囲を限定させることが組織として可能であれば、合理的に基本給を減額する方向で検討することが可能です。

　上記の検討はできないという場合は、定年延長等と引換えに50歳くらいからの賃金カーブ自体を少し修正しながら、定年までの人件費総額が大きく変わらないように変更していくことも考えられます。

　小規模事業所等で、定年後も役職に就いたまま定年前とまったく同じ

ように勤務してもらいたいという場合は、限定業務にはなり得ないので、基本的には待遇を下げることは難しいでしょう。

制度の変更については、基本的に労働条件の不利益変更を伴うケースが多いので、労働者と使用者とで話合いを積み重ねて制度設計をしましょう。労使による検討を経ることで、裁判所においては「その他の事情」として考慮され、制度の有効性も高まるでしょう。

Ⅰ－②－3　最低賃金

最低賃金のここ数年の上昇はすさまじいものがあり、多くの面で介護事業所の賃金構成に影響があるところです（次ページ図表2－7）。しかも、今後も上昇する見込みです。

特に、非正規職員の時間給等がもともと低かった介護事業所については、非正規職員の時間給が毎年底上げされて何年も勤続している職員と差がなくなり、キャリアパスが成り立たなくなったりしています。

そもそもの賃金構成をどうしていくか、キャリアパスをどう組んでいくかという課題を考えざるを得ず、特に非正規職員の給与については処遇改善加算を算定するためにキャリアパスを組まなければならないところ、経験を主に組んでいってしまうと崩壊しかねません。ここは、資格で少しでも差をつくる仕組みにするか、思いきって評価による仕組みを導入し、原資については、事業所から出せない場合、処遇改善加算を充てる方向で考えていく必要があると考えます。

また、正職員の賃金カーブについても配慮していく必要があります。入職時の賃金上昇に合わせて、全職種、全階層、同じようにベースアップをすることができない場合は、職種、評価等を加味してキャリアパス上位の職員も含め、どのように賃金カーブを描いていくかを人件費の予算に合わせ考慮していく必要があります。

本来は、ベースアップや昇給についても処遇改善加算を原資とすることを考えていければ問題なく、2024年度、2025年度についてはある程度昇給原資を賄うことができる計算になっていますが、その先の加算制度は未定であるため、原資の確保については、事業所内でどうするのか

● 図表2－7　最低賃金全国加重平均の推移

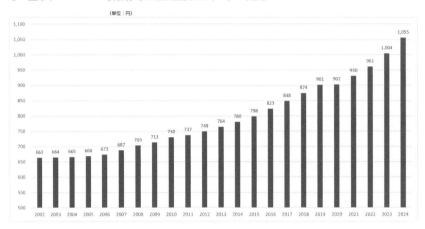

を慎重に対応していく必要があります。

　サービス提供による増収やDX化等による生産性の向上が大きくは見込めないケースなど、事業所の総額人件費を変えることができない場合も想定され、その場合は、今までの賞与の原資（処遇改善加算を含む）と月額賃金のリバランスを行う必要も考慮に入れなければなりません。賞与が月額賃金の固定倍数と確定させているような給与規程がある介護事業所においては、賞与乗率をフレキシブルに変更できるように改定を行わなければ総額人件費が膨大になってしまうことも想定され、赤字事業所になってしまう可能性も出てきます。

　現状ではどこまで上昇し続けるか想定できないところもある最低賃金への対応として、総額人件費の上昇をある程度抑えるには、一度上昇した月額賃金は評価や懲戒等でよほどのことがない限り減額することは非常に困難であることから、賞与も含めた給与体系の総額の内訳をどうリバランスしていくのかを配慮できるように準備しながら、処遇改善加算の変更があればそれをきちんと取り入れていくことと考えます。

■ Ⅰ-③ 新加算の要件を再度確認する

　新加算においては、移行に苦労するケースも多いと思いますが、全体としては旧3加算が一本化されたことにより事務的な手間が大幅に縮小され、職種別の配分の壁がなくなったことで相当に使いやすくなり、本来の介護事業所のあるべき人事制度に近付けやすくなったと考えます。

　今まで見てきたように、介護事業所としては新加算の上位区分Ⅰの算定を目指すべきで、少しでも職員の処遇をアップさせることが、今後の人事政策、ひいては事業所運営にプラスになっていくはずです。具体的には、次の(1)～(4)に留意しながら介護事業所が目指す人材成長のため、人事制度を作成していきます。

(1)　キャリアパス要件をしっかりさせる　　　【区分Ⅳの算定に必要】
　➡　まず介護職（非常勤、登録型ヘルパー等を含む全介護職）の任用要件、賃金体系、昇給昇格要件を決定する
　　　　　　　　　　　　　　【昇給昇格要件は区分Ⅲの算定に必要】
　➡　キャリアパスの上位に、年収440万円を満たす等級レベルを算定する　　　　　　　　　　　　　　　　【区分Ⅱの算定に必要】
　　※他職種についても、応用していく（他職種については、処遇改善加算の算定要件外）

(2)　加算の配分として、月例賃金の上昇を考える
　　　　　　　　　　　　　　　　　　　　　　【区分Ⅳの算定に必要】
　➡　きちんとした賃金体系を組んだ上で、月例給の上昇を考える（処遇改善加算の配分として賞与に多めに配分していた事業所は配分を再考する）

(3) 生産性向上へ舵を切ってもらうための工夫をする
- ➡ 研修を行う　　　　　　　　　【職場環境等要件の達成に必要】
- ➡ 生産性向上のための職場環境等要件に取り組む

(4) 介護職において介護福祉士の割合を増やす努力をする
【区分Ⅰの算定に必要】
- ➡ 資格手当、研修等を工夫する
- ➡ キャリアパス要件に資格要件を組み入れる

介護事業所の人事制度の全体像

　介護事業所の人事制度の構築においては、奇をてらったものではなく、基本的な人事制度（キャリアパス制度）をベースに、その中で処遇改善加算の要件を満たしつつ、職員の成長に資するものであるべきです。

● 図表2-8　キャリアパス制度の全体像例

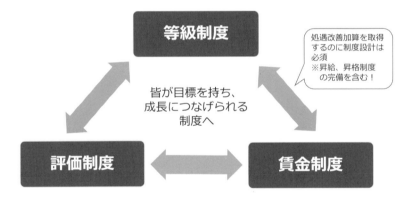

　キャリアパスの全体像としては、**図表2-8**のように等級制度（職員をいくつかの階層に分けて、任用要件（その階層に必要な能力、仕事の内容、職責、資格等の取得要件）を定めた等級要件表に基づくもの）がベースになります。そして、等級要件表に定められた任用要件に基づく各階層別の賃金のレンジ等を決めた賃金制度があります。ここまでが、処遇改善加算を算定するのに最低限必要な要件となります（新加算の区分Ⅳの算定要件）。

　さらに、各階層の賃金レンジに対し、どのようなことをやれば賃金が

増えていくのかを決めれば（昇給・昇格制度の決定）、区分Ⅲの算定が可能になります。昇給・昇格の処遇改善的な要件としては、経験、資格、評価の3要素の中のどれかを決めればよいので、最低限毎年少しずつ賃金が上がる制度にしておくか、資格取得によりキャリアが上がるように組んでおけば、この要件はクリアされます。ただし、職員個人の能力や貢献度により、一律の昇給等ではなく多少でも昇給金額等を変えたいということであれば、評価制度を策定せざるを得ないということになります。

評価制度に関しては、評価をしたりされたりすることを好まない介護系の職員も多くみられるところで、消極的な事業所もあるのですが、賃金制度に結び付けることが目的なのではなく、今後自分が何を重点的にやっていけば成長するのかということを示してあげるツールとして、積極的な制度を策定することで職員のモチベーションを上げていきたいところです。

全体としてはこの3つの相互関係に、職員の研修や教育を加えたものが人事制度の骨格をなします。旧加算の制度が始まった当時、それまで属人的な要素が多く見られた介護の事業所の人事制度は、加算の算定に向け、キャリアパスの策定が全介護職員に義務付けられたことから大きく変わってきました。ただ、算定要件だから致し方なく策定し、形骸化しているケースも見受けられます。

そうした介護事業所においては、新加算へと一本化されたことをきっかけに、より自事業所に合った形にしていくことが望まれます。例えば管理者研修に、部下の成長に資する形でキャリアパス等を運用するには実務上どのようにしたらいいのかを検討するようなものを取り入れて、より良い人事制度にしていくような取組みで成果をあげている介護事業所もあります。

● 図表2-9　時系列でみる人事制度改定の進め方

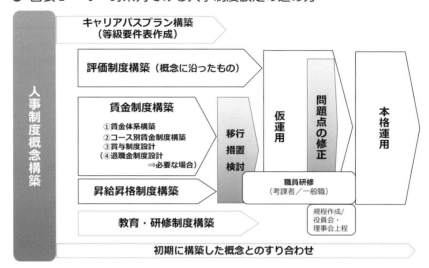

　図表2-9は、実際に人事制度を改定する際の時系列の概念図の例です。実際には、最初に現状の人事制度の問題点等を議論し、どのような概念で改定していくのか、法人の方向性はどうなのかといった部分を概念構築として十分行った上で、等級要件表の策定から始めることになります。

　直線のキャリアパスでよいのか、もしくは専門職のコース等を策定するのかなどの議論を重ねた上で等級数を決め、各等級で期待される能力、仕事の内容、職責、資格等を決定していきます。

　等級要件の過半が決まってきたところで、評価、また賃金の制度を決めていきますが、詳細についてはⅢ以降で解説します。

　このように細部まで決定しながら、現実に勤務している各職員の移行措置を考えた上、時間があれば短期間でも仮運用を行うと、不具合を修正することができるでしょう。

　移行措置としては、不利益変更がなるべく生じないように、移行の段階では調整給等を付けて各職員の既得権の侵害にならないように注意を払います。その上で、処遇改善加算は職員の処遇のどの部分にどのよう

に使われているのかの全体配分を見ていきます。

　この際、賞与と給与の割合も含め、処遇改善加算の配分に対しては注意を払い、仮に決めていく（実際は基準となる年度が終わるまでは確定できないので）こととなります。処遇改善加算の改定があり増額している場合は、その部分のどこを昇給原資にしていくのかを最初に決めて、シミュレーションしておくことも必要です。

　この基本的な作業の中に、どのような形で新加算の要件を盛り込んでいくかを、前章の復習になりますが、図表2－10にまとめました。

● 図表2－10　人事制度全体における処遇改善加算の算定要件について

```
┌─────────────────────────────────────────┐
│ 限られた介護報酬の中で、賃金水準を保ちながら職員のモチベーション │
│ 維持を図る                                │
│ 採用競争力も強化必要！                         │
└─────────────────────────────────────────┘
              ↓
        ┌──────────────────┐
        │ 最低賃金の大幅上昇      │
        │ 処遇改善加算の大幅改定   │
        │ ※総額人件費率…        │
        └──────────────────┘
┌─────────────────────────────────────────┐
│ 処遇改善加算は、最も乗率の高い新加算の区分Ⅰを算定可能にしよう！ │
│ まず、そのためにできることを考える                 │
└─────────────────────────────────────────┘

  ┌───────────────────────────────────────┐
  │ 月額給の上昇に一定割合の処遇改善を用いる（すべての加算共通） │
  └───────────────────────────────────────┘

┌──────────────────────────┐  ┌──────────────────────────┐
│ キャリアパス要件の整備＋研修       │  │ 賃金年額                  │
│ ・介護職員について             │  │ 年収440万円以上（事業所ごとに1名以上） │
│   任用要件（職位・職責・職務内容）  │  │ ※440万円には賞与等加算OK      │
│   ＋賃金体系　　（区分Ⅳ）       │  │ 法人一括の算定の場合は法人の中の事業所の数でOK │
│   ＋昇給昇格要件（経験or資格or評価）│  │ 小規模事業所、職員全体の給与水準等により例外あり │
│           （区分Ⅲ）         │  │ （区分Ⅱ）                │
└──────────────────────────┘  └──────────────────────────┘
┌──────────────────────────┐  ┌──────────────┐
│ 経験技能のある職員の割合         │  │                │
│ ・経験のある介護福祉士取得者の割合（加算Ⅰ）│  │ ＋職場環境要件    │
│ ☆旧加算の特定加算が取れていれば概ねOK │  │                │
│ 主に、特定事業所加算のⅡ以上、サービス提供体制強化加算のⅡ以上 │  │                │
│ が取れている事業所は申請可能（例外あり） │  │                │
└──────────────────────────┘  └──────────────┘
```

　結果的に、人事制度に大きな課題を抱えておらず順調に制度が回っている介護事業所で、旧加算の上位区分を算定していたところに関しては、職場環境等要件以外は、旧3加算と補助金の部分を合算して「処遇改善加算手当等」としてそのまま移行し、2024年度の新加算において昇給部分を算定し（2025年度に繰越し可能）、多くの部分を月額賃金に

充てればそれで終了、ということになります。

　新加算の算定要件（上記要件）を間違えず、事業所の持出しのトータルの人件費を下げず、昇給（ベア）をきちんと行えばよい、ということです。移行時の事務は大変ですが、軌道に乗れば簡便化されるのは間違いないので、それだけをやっていけばよいでしょう。

　しかし実際には、多くの介護事業所が人事制度に何らかの課題を抱えています。この度の改定のような大きな変化は、課題に向き合いより良い人事制度にしていくための良いきっかけになるはずですので、Ⅲ以降で、具体的にそのやり方を解説します。

III シンプルなキャリアパスの作成手順（小規模事業所向け）

● 図表2－11　基本的なキャリアパス策定のフレーム

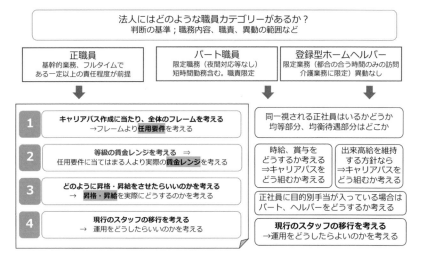

　新加算の要件を満たしながら、できる限りシンプルな形で人事制度を策定したい場合の手順を**図表2－11**に示しました。

　今までも処遇改善加算自体は算定していたけれど人事制度は自事業所のオリジナルの制度ではなかった場合など、人事制度の実運用に支障があった場合や、複雑な自事業所の制度を見直してできる限りシンプルにしたいという場合に、適用できるやり方です。

■ Ⅲ-① 事業所の職員のカテゴリー分類を行う

　前述のとおり、同一労働同一賃金の要件も考えながら自事業所の職員カテゴリーを分けて、どの職員にどのキャリアパスを持ってくるかを考えます。

　この際、処遇改善加算の取得を考えて介護職員の分類から始め、それから他職種等に展開します。

■ Ⅲ-② キャリアパス要件を満たすための要件を順番に考える

Ⅲ-②-1　任用要件

　最初に全体のフレーム（1等級～何等級まで？）を考えるために、どのようなレベル感でどのような仕事があり、どこまでを期待するのかを考えて、等級数を決めていきます。上位等級に関しては、当初、役職と等級を紐付けしても大丈夫です。

　次に、各等級での仕事のレベル感を大まかに表にしていきます。これが任用要件になりますので、最低限ここまでを完成させます。

Ⅲ-②-2　賃金要件

(1) もともとの賃金体系（基本給＋諸々の手当＋処遇改善加算など）に不満がある場合は、最初に手当の整理（やり方は、Ⅴ-③-4参照）を行って基本給をどのように算出するか決めておきます。

(2) 任用要件が決まったら、自事業所の職員を各等級に仮格付けしていき、それぞれの職員の基本給の分布を見て、各等級の概ねの基本給レンジを決めていきます。当初は、賃金レンジは、等級が高くなるほど高くなるように設定できれば大丈夫です。

(3) 最終的に最上位区分の職員には年収440万円要件が当てはまるように、賞与等もにらみながら基本給レンジを決めます。

※　レンジからはみ出す職員がいても当初は気にせず、後ほど最終的な格付けが決まったら、調整給を付けるなどの経過措置を決めていきます。

　介護事業所の場合、賃金改定により総額人件費を大きく上昇させられないことが多いので、実在する職員の分布を元に賃金レンジを決めていきたいところです。ただし、近隣調査等により賃金レベルを変更する必要があるなどの事情がある場合は、手当等を調整したり賞与原資から月額賃金に予算を持ってくるなどしたりして、月額賃金をアップさせる方向に持っていき、賃金レンジ全体のアップを図ります。

Ⅲ－②－3　昇給・昇格要件

　新加算の区分Ⅲを算定するための要件です。厚生労働省が求める要件は、経験年数、資格、または評価となっています。非正規職員などで評価の対象とするのは厳しい場合、昇格の階段は資格の取得状況によって作成する方法が最も簡単です。

　ただ、要件が経験年数や資格のみでは、任用要件に当てはまる等級の昇格階段をどうやって上がっていくのか、職員によって頑張りや貢献度が違う部分をどうするのか、といった部分に報いることはできないので、少しでも個別に報いたいという話であれば、任用要件に合わせた簡単な評価表を作成して昇給・昇格を促すほうが、成長促進につながると考えられます。

Ⅲ－②－4　新制度へ職員を移行させた場合の運用を検討する

　賃金要件のところで考えた賃金レンジに入りきらない職員に調整給を付けるか、その調整給を解消するのかしないのか等の細かい移行を考えます。

　この段階で、全体の賃金の総額から処遇改善加算の配分を考えます。処遇改善加算の区分が現状より上位区分になったり、改正で処遇改善加算が増加したりするタイミングでは、昇給分を含め、月額賃金（非正規は基本時給）のベア等を検討します。

介護職員のキャリアパスは、正職員のみならず、非正規職員を含むすべての職員に必要です。以上のシンプル版で策定した正職員のキャリアパスを元にした非正規職員への展開のしかたについては、第5章をご覧ください。

　他職種については、介護職の基本給レンジを元に資格手当等で調整できるかどうかを検討します。基本給レンジがまったく合わず難しい場合は、医療職（看護師、理学療法士等）を別テーブルにすることも検討します。

★ 図表2-12　実際のキャリアパスフレーム例（小規模事業所、正職員）

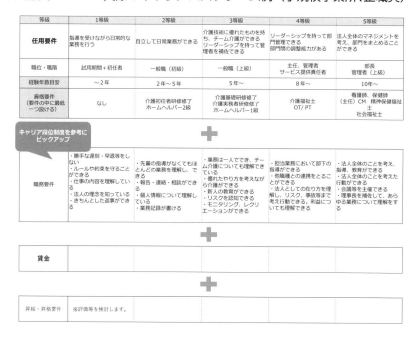

　以上が最も基本的なキャリアパスの組み方となります。
　キャリアパスを考える際の方向性としては、新加算の要件や介護職が目標とすべきものを考え合わせて、資格取得を促す内容をキャリアパス表に加えたり、管理者等と相談しながら各等級で職員にこんな仕事をしてほしいという部分を加えたりして、オリジナルなものにしていければ

運用がしやすくなると考えます。

　また運用の段階では、管理者やその手前の役職者（リーダー等）を巻き込んで研修等を実施することで、キャリアパスを用いた良い職場風土を目指すということも可能となります。

Ⅳ 等級要件の策定

　等級要件表は、本来、介護事業所がどんな仕事をどのようにやってもらいたいかを階層別に示したもので、人事制度のベースとなる大事な表です。職員にとっても、自分がどのような能力を身に付け、どのような仕事をしていくと、将来どのような立場になっていくかを見渡せる、キャリアの羅針盤のようなものとなります。

　Ⅲでは簡便な方法によるキャリアパスの策定手順を見ましたが、中規模、大規模事業所等で等級要件表にさらなる意味を持たせたいという場合の手順は、以下のとおりです。

■ Ⅳ-① 階層の決定

　最初に、階層をいくつ、どのように策定してくかを考えます。職員がどのようにキャリアの階段を上がっていくのか、また待遇は上がっていくのか、階層をいくつ設けてどのような道筋を用意するのかは、重要な部分です。事業所の規模や、現在どのような職責の職員がどのような仕事をしているのか等、組織図を参考にイメージしながら決めていくことになります。

Ⅳ-①-1　直線なのか、複線なのか

　上位階層への道筋を考える際に、介護事業所の方針として、部下の指導や所属部署全体を見ることができるようなマネジメント職を重視し、そこに向かって階段を上がる直線とするのか、マネジメント職以外に、介護技術や理論等に優れた専門職への階段を上がる（専門性を極めればそれなりに待遇も上昇する）コースも作る複線とするのかは、キャリア

● 図表2－13　複線人事の設計例

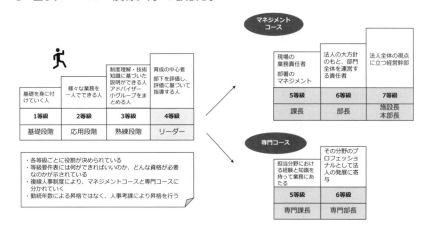

パスを考える際に大きな課題となります。

　部下を持ち、組織としてまとめていくマネジメント職には就きたくない、という職員も多く見受けられます。そのような職員にも専門職コースとしてその技術に応じて待遇が上昇する道筋を確保することを事業所として促進するのであれば、複線人事として専門職コースのあるキャリアパスを策定していくことも、事業所と職員の双方にプラスの効果があります。また、専門職層を設置することでマネジメント職のポスト不足に対応し、優秀な職員の定着につながることも考えられます。

Ⅳ－①－2　階層はいくつ必要なのか

　組織図の役職等を見ながら、横並びの階層がいくつ事業所に必要なのかを考えます。
　上位階層については、役職とそれ相応の職責、役割がセットになっている場合、その役職をひとくくりにして階層を作ることから始めます。提供するサービスの種類により部下の数等が異なったり、同じ役職名でも職責等がまったく異なったりする場合は、役職名だけでなく担当部門における責任の程度等も加味して階層を増やしていくことも想定されます。

専門職層については、事業所でよく考え、資格や難易度の高い技術スキル、理論、またその地域での講演実績等、いくつか技術のレベルを表す基準を考えて階層をつくります。

■Ⅳ-②　等級要件表（キャリアパス表）の中身をつくる

Ⅳ-②-1　各等級のイメージ

　階層をいくつ設けるかを決定したら、各等級の職員に求められる役割について、できる限り簡潔にイメージを策定していきます。各等級に求められる役割、能力のイメージはとても重要で、その階層の骨格をつくるものとなります。

　一般職層については、未経験の初任から役職に就くまでの、いくつか階段を上がっていくイメージでつくっていきます。

　上級階層については、その役職に求められる職責に近いものをつくっていきます。

　専門職層の場合は、どのようなレベル感でスキル向上を求めていくのかをイメージしながらつくることが重要です。

　これらが決まったら、表の一行目に記載します。

Ⅳ-②-2　事業所が求める能力、仕事

　介護事業所が職員に求める能力、仕事を書き出して項目立てし、等級に応じてそれぞれにどんなレベルでできてほしいのか求めることを書いていきます。この部分は、マネジメント系の能力と仕事の内容、職責等に分けて考えてもよいですし、わかりやすいように一直線に並べて記載してもよいでしょう。

　いずれにせよ、この部分が等級要件表（キャリアパス表）の肝になり、事業所における各階層の仕事や責任等が一目でわかるようになります。等級要件表（キャリアパス表）のこの部分をそのまま評価表に使う

事業所も多いです。図表2－14に一例を取り上げました。この例では縦の列にやらなければいけない仕事や職責等が記載されていて、それを各等級でどのレベルで行うかが細かく記載されています。例えば苦情対応の欄を見ると、1～3等級の一般職には記載がなく、4等級より上位の等級が苦情対応を担うということが、一目でわかるようになっています。

作成にあたっては、経営者も管理者も一体となっていろいろな仕事を考え、形にしていくことで制度の定着を図っている事業所も多いです。図表2－14の事業所も毎年見直しを加えており、新たに責任や仕事が足されていっています。資格要件等も別に作成しています。

このように、技術的項目を入れない、専門職コースを作らない制度とする場合は、等級要件表は全職種横並びで使えます。技術項目や専門項目を策定する際は、一旦介護職のものを作成し、他職種に横展開していく形となります。

■Ⅳ－③　等級要件表（キャリアパス表）の改定

Ⅳ－③－1　キャリアパスが形骸化し、運用がうまくいかなくなったら

介護事業所の運営を続けていると、サービスが増加して拡大したり新たに施設を作ったりすることもあれば、部分売却して縮小することもあったりと、いろいろなことが起こります。そのような変化があった場合はもちろん、変化がなくても昔作成したキャリアパスが形骸化することは起こり得ます。

運用がうまくいかなくなる典型例としては、以下のケースが考えられます。

・職員周知ができていない
　そもそもの人事制度について、どのような仕組みかを知らない職員が

● 図表2-14 等級要件表（キャリアパス表）例

職	一般職			指導職		管理職		経営職
等級	1等級	2等級	3等級	4等級	5等級	6等級	7等級	8等級
職位	新任者・初級者	中級者	上級者	リーダー	主任	所長・係長	課長・次長	部長
	未経験～3年	半年～5年	3～7年	5～10年	7年～	10年～		
技能習熟度								
イメージ	経験未または経験の浅い人、未経任者、自立化を目指す人	自立化して仕事ができる人	アドバイザー現場のお兄さん・お姉さん的な役職とのパイプ役	チームの中心となる知識者とのパイプ役	現場業務の責任者	全社の総務、主任、業務と労務の管理監督者	全社の総務（部課）任命、業務と労務の管理監督者	全社の視点に立つ経営幹部
等級要件	計画立案							
	計画遂行・業務遂行							
	サービスの質向上							
	職員（上位・同僚・部下）対応							
	判断と報連相							
	リスクマネジメント							
	苦情対応							
	地域と行政への対応							
	業務標準化と改善							
	権限							
	・・・							

各等級に求められる人物像を記載

法人が各等級に明確にしたい項目を選択する

その他、責任、勤務態度など入れたいものを考える

等級が上がると徐々に高度な内容になる
自分の等級に必要のない要件も含めて一目でわかる

資格要件は別途作成

IV 等級要件の策定 85

多いというケースはしばしばあります。周知されていない場合、どんなに立派なキャリアパスであっても無駄になってしまうため、評価の際や期末等の面接時に、キャリアパスの目的、意義、個人にとっての意味付け等をしっかり伝えていく必要があります。

・ポスト（役職）の問題
　ポスト（役職）と等級を完全一致させている場合は、ポスト不足で上位階層にいけないケースがあり、閉塞感が強まります。逆に、人手不足で能力以上のポストを与えざるを得ず、組織や本人に負担がかかることもあります。
　このような場合、上位の役職と等級の在り方を再考する（時には役職手当の在り方も検討する）もしくは、上位階層の等級要件において役職と能力を分離していくことも検討する余地があります。また、複線コースを策定し専門職という境地を見つけていくことも考慮に入れます。

・年功序列の問題
　単に年功だけで上位階層に上がってしまい、能力が伴っていない場合も多く見受けられます。一般職層の若手がうんざりして退職してしまうケースもあり、放置はできません。
　このような場合、本人も能力と階層が合っていないことを自覚している場合もあるため、降格基準等をきちんと作っておく必要があります。定年間際の場合もあるでしょうから、降格しても調整給等で給与を保持するなどの経過措置や役職定年等の導入も考えながら、公平な制度にすることも方法の一つです。

Ⅳ－③－2　問題点を見つけて、再度キャリアパスを策定する

　キャリアパスが形骸化した場合、プロジェクトチームを作るなどして、もう一度介護事業所としてあるべき姿から考え直し、階層を作り直すことが必要となってきます。
　プロジェクトチームでは、等級要件表（キャリアパス表）の実態と離

れていて運用がうまくいっていない部分を抽出します。この際、各管理者やリーダー層を巻き込んで人事制度上の問題点やあるべき姿をヒアリング、またはディスカッションして棚卸をしてみることも必要になるかもしれません。

　その上で、複線人事が必要なのか、階層の数は実態に合っているのか、仕事の内容は実態に照らしてどうかなど、Ⅳ－①、Ⅳ－②の手順をもう一度踏んで、どの部分が実態に即していないのかを考え、修正していきます。

■Ⅳ－④　生成AIの力を借りて等級要件表を策定する

Ⅳ－④－1　たたき台を作るのは生成AIの得意分野

　今まで見てきたとおり、等級要件表（キャリアパス表）の策定は、各介護事業所の職員のキャリア形成においてとても重要なことです。

　したがって、策定にあたっては、経営層の方針も重要ですし、各管理者等を巻き込んで、どのように職員を成長させていくかの議論をしながら策定、定着させていかないと、結局、形骸化してしまいかねません。

　しかし、等級要件表（キャリアパス表）の文言を一から考えるのは事業所の経営者、管理者等にとって大きな負担になるため、先送りにしていることもあろうかと想像します。

　そこで、等級要件としてどのような項目が考えられるかといったプロジェクトチームの考えのたたき台を、生成AIに作ってもらいましょう。複線人事や階層の数などの全体像を考えるのは、事業所で経営者も管理者も一体となって行うほうがよいので、たたき台を作ってから考えます。

　このような作業は生成AIの得意分野で、無料で手直しにも応じてくれます。有料のプロダクトだと、もっと詳しいところから事案を引っ張ってきてくれます。人間のプロジェクトチームには思いもよらない部

Ⅳ　等級要件の策定　87

分も考えて持ってきてくれるので、生成 AI にたたき台を作らせて、それをもとに介護事業所オリジナルのものにしていくと、時間短縮を図りながら完成度の高いものを策定することが可能になります。

Ⅳ－④－2　どのように応用していくかは介護事業所で考える

　初心者でも使えそうなプロンプトの例（図表2－15）とそれを用いて作成した等級要件表（キャリアパス表）の例を示します（図表2－16）。

　まずは図表2－15の①〜③のような指示で枠組みをつくり、表形式で等級要件表（キャリアパス表）を表示させます。

　さらに④のような指示で各等級の必要要件について項目ごとに細分化したものを表示させて作成します。

　あくまで参考例ですが、これをさらに展開して、評価表にも応用することが可能です。指示を出すと多数の応用例も表示してくれますので、それらを参考に介護事業所の成長に応じたブラッシュアップも可能となります。

　また、法人理念等を覚えさえてそれを起点に等級要件表（キャリアパス表）などに応用することも可能です。技術評価表なども、数秒である程度は作成してくれますので、便利な部分は等級要件表に限らず応用していけばよいと考えます。

● 図表2－15　簡単なプロンプト例（一般職、1～5等級を作成したい場合）

① 介護施設の一般職のキャリアパスを作成したい。等級数は5等級で各等級でどのようなことができたらいいのかを考慮して一般的な介護職のキャリアパスを作成してください。

② いただいた1～3等級を細分化して、1～5等級に組み直してください。各等級のイメージをもう少し鮮明に出してください。

③ 各等級のイメージも含めて、いただいた等級の必要要件を表形式にしてください。

④ 等級要件表の「⑤責任・権限」のところについて、基本姿勢や、権限、役割等、もっと細分化して項目を立てて分割して表示してください。

● 図表2-16 縦軸の役割案

等級	イメージ	法人理解	チームワーク	改善提案	リスク管理	企画立案
5等級	部門のリーダーとしてチームをまとめ、管理監督職との調整を行う	・法人全体の理念や方針を深く理解し、それを部門全体に伝えるリーダーシップを発揮する ・他部門や管理監督職との調整を通じて、法人全体の運営方針の実現に向けた推進に役割を担う	・チームの目標を明確にし、メンバーが一丸となって取り組めるよう導く ・部門全体の連携を強化し、他部署との調整や調整業務を行う	・チームの課題を俯瞰し、業務方針や運営方法において改善策を提案する ・他部門や管理監督職との連携し、提案の実行計画を策定し調整する	・チームのリスク管理方針を策定し、管理監督職や他部門と共有し、リスク管理に関してチーム内で意見交換を行い、チームでの意識向上を図る ・リスクが発生した場合には、管理職の指示を仰ぎながらリスクに対応する	・チームの目標設定や活動計画等、戦略的な企画案を立案する ・他部門や管理監督職と連携し、チームの方向性や具体的な政策を立案、推進する
4等級	チームをまとめ業務を遂行を行う	・チームメンバーに法人の理念や方針を浸透させる役割を担い、業務の方向性を示す ・チームの運営がスムーズに進むように調整を行い、メンバーへの理解促進や動機付けを図る	・メンバー間のコミュニケーションを促し、協力体制を強化する ・業務の進捗を把握し、チームの効率が良くなるように調整を行う	・チーム内での業務フローや業務改善を把握し、メンバーの意見を取り入れた改善案を作成する ・提案の実行計画を立て、チーム全体で取り組む改善活動をリードする ・提案の成果を分析し、次の提案に生かす	・チームのリスクを把握し、メンバーに対策を周知する ・メンバーが対応しきれないリスクに対し、リーダーシップを発揮し、解決を主導する ・リスク発生時には、チーム全体で共有し、対応方針を策定する	・チームの政策を立案し、チームを目標に実行に移す ・現場での利用者支援の向上を目指し新たな取り組みを提案し、チームとともに実現に向けて動かす
3等級	自分で考えて日々業務を行う	・法人のビジョンや方針を踏まえた上で、自身の業務に工夫を凝らしながら遂行する ・業務の改善を実現するための具体的な方法を考え、実行に移す	・自分の業務だけでなく、周囲の状況に気を配り、助け合う ・チーム全体で目指す業務遂行に向け、意見を出したり提案を行ったりする	・自分の業務の中で効率化や品質向上のための改善策を考え、具体的な提案を行う ・小規模な改善案を自ら実行し、成果を確認し、必要に応じて意見交換を行う	・自身の業務内で発生し得るリスクを事前に把握し、予防的措置を講じる ・突発的なリスクが発生した場合、チーム内のメンバーと連携しながら対応する	・チームの運営に関連する企画を立案、提案し、実行に移す ・現場のニーズを踏まえ、効果的な運営や改善のための企画を立案し、提案する
2等級	細かい立ち位置で業務を行う	・法人の基本理念や運営方針を十分に理解し、日常業務に反映する ・自身の業務内容についてチームバイスを受けながら、業務範囲の認識し、適切な行動ができる	・指示がなくても自身の役割を果たし、チーム内に貢献する ・必要に応じてメンバーと連携し、業務を円滑に進める	・自身の業務における課題を見つけ、上司や先輩に報告し改善案を提案する ・改善案に対するアドバイスを受けながら、実行可能な対策を検討する	・自身の業務内におけるリスクを認識し、マニュアルに従って適切に対応する ・簡単なトラブルやリスクについて、解決方法や、必要に応じて上司に報告する	・企画立案において、既存の方針や制度に基づき、自身で企画案を作成する ・チームのメンバーと連携しながら、実行可能なプランを立案する
1等級	先輩の指導を受けて業務を行う	・法人の基本理念を先輩や指導者から学び、日々の業務を通じて理解を深める ・法人内の規則やルールを遵守し、日常的な法理解を行う際に基本的な対応ができる	・先輩や上司の指示を理解し、協力して作業を進める ・困ったときは報告、連絡、相談し、支援を受けながら業務を行う	・先輩や上司が提示する改善提案を理解し、指示に基づいて行動する ・業務内で気づいたリスクは先輩に報告することで、改善のきっかけを提案する	・指導者の指示に従い、決められた手順で円滑運行を実施する ・発生したリスクや問題を迅速やかに上司に報告する	・企画立案に関する基本的な業務を先輩の指導のもとで学び、補助的な役割を果たす ・具体的な事例出しや資料作成など、サポート業務を担当する

90　第2章　介護職員等処遇改善加算を算定するための人事制度を考える

賃金制度の策定

　賃金制度の策定にあたっては、現状の問題点を洗い出した上、改定による処遇改善加算の一本化をきっかけに、事業所のあるべき賃金体系に少しでも近づけることが必要となるところです。

　Ⅱでも述べたように、現在の人事制度が問題なく運用できている場合は、賃金制度については、旧3加算分を合算して、新処遇改善手当にするなり基本給に内包させるなりをして月額賃金で支給し、残りを賞与加算で職員に配分してしまえばよいだけです。この場合、2024年度のように新加算（旧補助金）等で増加した部分については、計画的に昇給原資等に回せばよいという話になります。

　旧特定加算も含めて旧加算の上位区分を算定していた場合は、新加算でもほぼ一番上位の区分（キャリアパス要件、昇給昇格要件、年収440万円要件、介護福祉士の割合が一定以上）を算定できますので、そのままスライドしてしまうというのが一つの方法ではあります。

　ただ、今回の改定では、旧加算の職員配分における大きな壁になっていた職種間の不均衡が是正され、公に月額賃金または毎月決まって支給する手当の改善に新加算を充てなさいとの指示も出ています。これは、旧加算の配分のゆがみによって介護事業所の賃金制度に生じていた根本的な問題を、解決の方向に持っていける良いチャンスです。

　そこで、新加算を使いながら、賃金制度を介護事業所のあるべき姿へ改定していく進め方について、いくつかの例を挙げて解説します。

■Ⅴ-① 賃金改定のために事前に準備するデータ

　賃金改定のためのベースとして、全職員の次の情報が電子データで一

- 生年月日（年齢）
- 入職年月日（勤続年数）
- 所属
- 仕事の内容（介護、看護、リハビリ等）
- 役職
- 現在の等級
- 保持資格
- 給与（総額、基本給、諸手当等固定給、賞与、処遇改善加算部分があればその情報）

覧となっていることが必要です。

　これらの情報を一覧で持つことは賃金の組換え等を行う際に非常に重要（Ⅴ-③参照）なのですが、多くの事業所を持っている法人では電子データがばらばらになっていたりして、まずこのデータを揃えるところで難航するケースも多く見られます。

■Ⅴ-②　月額賃金に割り振れる金額を想定する

　データが揃ったら、以下の事項を確認します。

- 事業所の総額人件費率（できればサービスごと）
- 最低賃金と事業所の時給ベースに換算した最低の基本給号俸の関係（正職員、非正規職員）
- 基本給（月額賃金）と賞与の比率（法人持出し部分、処遇改善加算部分）
- 処遇改善加算について、総額予想
- 退職金について（何で積み立てているのか、基本給と連動させているか）

　総額人件費率は、新しい施設等では比較的低め（60％台またはそれ以下）に収まっている場合が多いのですが、伝統のある施設などは、自動

昇給を繰り返した結果、70％台後半は当たり前というケースも多く見られます。

このような場合は総額の人件費を増加させる方向の変更はなかなか難しく、処遇改善加算の増加分があった年は昇給原資を作れますが、その他の年に関しては工夫をしなければなりません。基本的には、月額賃金を下げる方向には改定できないので、現状の水準を維持するか、昇給させるために賞与原資（できれば賞与として支払っている処遇改善費）から固定給へのリバランスを行うかを、改定前から考える必要があります。

ただし、現状で「固定給（事業所最低時給）＝最低賃金」（非正規時給を含む）となっている場合は、今後の最低賃金上昇にどのように対応していくのか、また現状でも能力、仕事の内容以外の入職年次による逆転現象が起きていないかを確認しながら先へ進む必要があります。

以上のことに気を付けて、まずは月額賃金に割り振れる金額を想定します。

■ Ⅴ-③　処遇改善加算の対象にならない事業所における対応を考える

新加算では、職種間の壁が取り払われたり統合されたりしたことにより使い勝手は随分良くなった一方、同一の法人内、事業所内に加算の対象にならない事業所（（直接介護とは関係のない）単独の居宅介護支援事業所、訪問看護、福祉用具貸与等のサービスを提供する事業所）が存在する場合は、加算対象事業所への加算率がとても大きいため、加算対象事業所と同じ発想をしていると、給与体系がゆがみ続ける可能性があります。

これらの事業所を包括する法人に関しては、加算対象事業所とそうでない事業所とで、あらかじめ分けて給与体系を考える必要があります。

基本給の部分は同一にするにせよ、居宅介護支援事業所ではケース数と比例したインセンティブが支給される給与体系、訪問看護では訪問件

数に応じたインセンティブを付加する給与体系といった、使用用途の決まった処遇改善加算に縛られない、法人の目的に見合った思いきった賃金体系を組むことができるということになります。

そして、処遇改善加算が算定される事業所においては、現状の問題は何かを整理する必要があります。下記のようにたくさん出てくることがありますが、問題点を整理し、多少なりともゆがみを是正する方向に行きたいところです。

- ・職種間の賃金格差が実態に合わない
- ・旧加算をほぼ賞与で支給してきたので、特に介護職の賞与支給比率が高過ぎる
- ・諸手当の支給額が多過ぎて基本給が伴わず、基本給だけでは最低賃金を割り込み、採用競争力に欠ける
- ・毎年の「○号俸昇給」にこだわり、総額人件費率が甚大なものになっている
- ・最低賃金の上昇に耐えられず、特に非正規職員の給与は最低賃金で横並びになっている

■Ⅴ-④　賃金の組換えのステップ

実際に賃金の組換えを行う際の一般的なステップを、図表2－17に示しました。

Ⅴ-④-1　現状分析を行う

介護事業所の賃金の組換えを考える際に、非常に重要な作業です。Ⅴ-①に挙げた情報を含む図表2－17の基礎データ（④が事前に準備した電子データ）を、一定の決まりに基づいて一覧表（現状分析用のシート。図表2－21参照）にしていきます。

データが揃ったら、Excelのフィルター機能を使って属性を分けつつ、いろいろな観点から介護事業所の賃金体系の分析を行います。属性は、正職員と非正規職員、正職員の中では職種、所属、職位など様々な

● 図表2－17　賃金の組換えの一般的なステップ

ステップ	内容
①現状分析	・事業所で必要な情報を確認し、整理する ・整理されたデータから、現状の問題点を考える
②ヒアリング（法人の方向性の決定）	・現状分析データより、問題点を関係者へヒアリング、どこまでどのように整備するかを決定。また、法人の方向性（こうありたい！）を実現できるかを考える
③等級要件表（キャリアパス表）の確認	・問題が組織やキャリアパスにある場合は、キャリア要件を確認して、職責、等級等を整備する（この段階で評価をどのようにやっているかを確認）
④賃金体系を検討	・基本的な賃金体系を検討する（同一労働同一賃金等を確認。手当の整理、賃金体系を確立する（基本給＋役職手当＋資格手当＋子供手当＋変動手当等））
⑤各等級の賃金レンジ決定	・実際に手当を整理して、基本給等に組み替えていく。事業所に、職員の仮給格付けをしてもらい、その仮等級の配置より仮等級の賃金レンジを決める。賞与等の配分も考える
⑥昇降給、昇降格要件決定	・実際に予算がどのくらい取れているのか、今までの昇給昇格実態等を聞きながら、レンジ内昇降給、等級をまたぐ昇降格の要件を考える。総額人件費率を睨みながら膨れ上がらないように要件を決めていく
⑦全職員の移行データ作成	・全職員の等級を決定してもらい、決まったことを実践した場合、全員がどのような新給与になるか、またレンジをはみ出している人たちの調整給等をどうするかを決定する

● 図表2－18　現状分析に必要な事前準備事項

① **組織図**
　・各組織のサービス提供の実態（サービスの種類、定員などもわかれば）
　　→サービスが多岐にわたる場合が多く、サービスがわからなければ
　　　働き方（夜勤の有無など）がわからない

② **総額人件費率**
　・部署別の状況がわかればなおよい

③ **法人の規則類等**
　・就業規則（常勤、非常勤）
　・給与規程
　・育児介護休業規程等一式
　・退職金はどこで行っているのか（WAM？自法人？はぐくみ等企業年金？）
　・評価人事考課の仕組み一式がわかるものがある場合はそれも確認

④ **従業員の情報**
　・氏名、入職年月日、生年月日、所属、役職、所持資格
　　等級がある場合は、等級号俸等の情報、
　　給与情報（基本給、諸手当等の一覧、できれば、賞与の情報）

V　賃金制度の策定

要件別に分類します。それぞれ、どのような賃金分布をしているかどうかを見極め、現状を分析します。その上で、解決したい問題点を洗い出します。

　この際、処遇改善加算の配分を含め、月額賃金に比べて賞与や一時金へ偏った原資配分をしているケースは、月額賃金と賞与のリバランスを行うことも考えます（介護事業所には、賞与は法人拠出の原資で支給する一方、一時金には処遇改善加算を充てる仕組みとなっているところが多くあり、賞与や一時金への配分が偏っているケースが見受けられます）。また、総額人件費率が低過ぎる事業所、高過ぎる事業所においては、適正比率へ持っていく工夫も考える余地があります。

Ⅴ－④－2　ヒアリング（介護事業所の方向性の決定）

　現状分析シート（98ページ図表2－21参照）により数字の上での問題点を確認した後、事業所のヒアリングを行います。これは、介護事業所における賃金改定の方向性を整理する工程です。

　社会保険労務士などが外部のコンサルタントとして関与している場合は、この段階で事業所の抱えている問題や改定後の制度に関する希望や意向をヒアリングして、実際の数字と比較し、希望としてやりたいことと本来やらなければいけないことをすり合わせる重要な工程となります。そして、外部の者の目から見て不明な点、例えば○○手当は何に対して支給されているのかなど、わからない部分について事業所の意見を徹底的にヒアリングすることも重要です。

　事業所内部で賃金改定を行う場合は、そもそも経営者がどのような目的で賃金改定を行うのか、また、現場がどのような不満を持っているのかを内部で整理します。この際、現場の管理者レベルの職員等へのヒアリングの機会を設け、事業所が抱える問題を整理するのも良い機会になるかと思います。

Ⅴ－④－3　等級要件表（キャリアパス表）の確認

　ヒアリングの結果、改善したいポイントが等級要件表（キャリアパス

表）にある場合も考えられます。等級要件表（キャリアパス表）の運用がうまくいっていない、職責の要件が実際と違う、資格要件がバラバラというような、そもそものキャリアパスが運用できていないようだと、そこに紐付いてくる賃金のレンジは決まってきません。Ⅳを参考に、今一度見直して確実に運用できるように修正します。

　例えば、同じ名前の役職であっても、大きい事業所の管理を任せられている場合と小さい事業所の管理を任せられている場合で職務の内容と職責が異なっているとします。その場合に、同一等級でよいのか、等級を分ける必要があるのか、同一等級で役職手当の相違により待遇を変えていくのか、などの議論をここで行うことができれば、後からの齟齬ができにくくなります。

　等級要件表（キャリアパス表）に齟齬がある場合は、評価も形骸化している例も多いので、評価表も同時に見直す必要があるかどうかを確認します。

Ⅴ-④-4　賃金体系の検討（手当を見直す）

　次に、どのような賃金体系にしていくかを議論します。

　賃金体系とは、基本給にどのような手当を付加して月額賃金にするのか、といった基本的な賃金の構成をいいます。

　現在の賃金体系において、基本給に付加してたくさんの手当が支給されている場合は、一つひとつの手当にどのような意味があるのかを確認し、本当に必要なものなのかを精査し、残すべき手当、必要な手当は何なのかを考えます。特に目的別手当、属人的な手当（精勤手当、資格手当等）が多く支給されている場合は、それらに本当に意味があるのかと同時に、非正規職員にも支給しているかもしくは支給可能かどうかを確認の上、正職員の賃金体系を決めていきます。

　この段階で、旧加算を手当で支給していた介護事業所は、この手当相当分をどうするかを考えます。今までの3加算分まとめて処遇改善手当等として残す方法もありますが、職種間の壁もなくなっているので、総額人件費全体を眺めて、基本給に組み込んでしまうのも一つの方法かと

★ 図表2－21　現状分析用のシート例

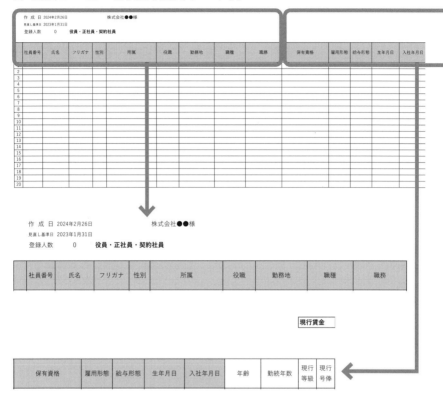

思います。基本給が相当分あるほうが、採用競争力的には有利に働きます。

ただし、基本給を増額させる場合は次の点に注意が必要です。

● 賞与、退職金の乗率が基本給に連動していて一律に決定されている場合、また退職金の積立方法が基本給に連動している場合
　→　賞与、退職金の乗率変更が必要になるので、それができるのか、また退職金の積立乗率の変更もできるのかという確認および計算を行ってから変更する

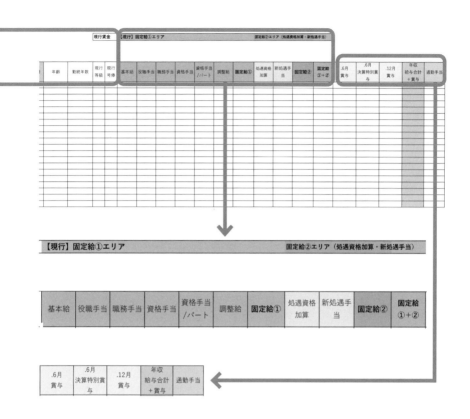

→ 賞与の乗率が基本給に連動している場合、基本給が上がって賞与の総額原資が変わらなければ賞与の乗率は当然下がるので、介護事業所が乗率にこだわりたい場合は、処遇改善加算部分は手当として支給するとするほか、職務手当等で基本給部分を分離することも考える

→ 退職金の乗率は、今までの基本給による今までの退職金計算と増額後の基本給をベースにした退職金計算を行ってみて、差分があまり出ないように変更する作業が発生。この際、変更できるのならば職員の現状既得権を維持しながら退職金制度自体

V 賃金制度の策定　99

> を変更することも考慮する
> → 退職金の積立方法が一律の場合は、増額するケースがあるので、変更可能かどうかを積立の主体に聞いて調整する
>
> ● 処遇改善加算相当部分の計算
> → 基本給に処遇改善加算部分を内包した場合は、毎年、正しく処遇改善加算部分を計算しておかないと計画書も実績報告書も作成できないので、総額何円の処遇改善加算をどのように配分するのかを常に頭に置きながら対応する必要がある

また検討の結果、新賃金体系において必要とされる手当については、その金額を概ね決めておきます。例えば、資格手当を支給すると決定した場合はどの資格にいくら支給するのか、改定前も資格手当がある場合は支給する金額が十分なのかそうでないのかというところも検討し、検討の結果を表にして反映していく準備をします。

Ⅴ-④-5　各等級の基本給レンジの決定

Ⅴ-④-4で賃金体系を決定した後、いよいよ組換えを実践し、各等級の基本給レンジを決定していきます。Ⅴ-④-1で用意した現状分析シートから、まず介護職の正職員を抽出し、活用していきます。

該当職員を等級要件表（キャリアパス表）に従って部門管理者や経営側で再格付けしてもらい、新しい仮等級を定めます。その仮等級に基づき、各等級の職員の現状の月額賃金（総支給額）の分布と、新賃金制度において必要な手当を月額賃金より差し引いた基本給相当分の分布を見ていきます。この際、次の(1)～(8)に留意します。

(1) 等級要件表（キャリアパス表）を変更した場合は、新しい等級要件表（キャリアパス表）によって職員を再格付けする
　また、等級要件表（キャリアパス表）を変更しない場合であっても、今の格付けが等級要件表（キャリアパス表）に見合っているかどうかの検討をする（見合っていない場合は、等級要件表（キャリアパス表）の変更または職員本人への是正が必要）
(2) 初期の段階では給与改定後の各職員の月額賃金（ベア、昇給分等を除く）は変更しないで検討する
(3) 月額賃金の分布を見る際、改定前と改定後で比較するのは、総支給額から変動手当相当分（夜勤手当、オンコール等の手当、通勤手当等相当額など）と今回の改定で変更しないと事業所が決めた手当（例として、扶養手当、住宅手当など）を差し引いた残額
改定前の基本給＋改定前諸手当合計＝改定後の基本給＋改定後の諸手当合計
　→　改定後の基本給＝（改定前基本給＋諸手当合計）－改定後諸手当合計

　改定前の賃金体系に諸手当が多くあるケースでは、改定後の諸手当の金額に及ばない分、基本給が増額することになります。

(4) 上記の計算で等級別に新基本給の分布を見ていき、新基本給レンジを決定する

　新基本給レンジは、等級が上がれば上昇するように作成できればよいのですが、個別分布を見て作成した場合、どうしてもレンジからはみ出してしまう職員が出てきます。
　数人の職員がレンジの上限を超えてしまうのは致し方ないことでしょうが、多くの職員がレンジの上限を超えてしまうようだと円滑な移行ができない可能性が高く、レンジの幅を調整していく必要があります。も

しくは、そもそも等級要件表（キャリアパス表）に不備があるか、職員格付けの紐付けが間違っている可能性もあります。その場合は、どういう原因で齟齬が起こっているかを考え直す必要があります。

(5) できる限りレンジ幅を狭くして新基本給レンジを決定する

　基本給レンジの決定にあたっては、本来は、できる限りレンジ幅（各等級の最低基本給と最高基本給額の幅）を狭くするのが良く、レンジ幅を取らずに各等級に単一の賃金もしくは３段階くらいの賃金で決定する場合もあります。

　多くの介護事業所では、単一の賃金等で次の等級に上がるまで昇給しない（昇格（等級が上がること）するまで年次昇給はない）賃金体系はなじみが薄い場合が多く、ある程度のレンジは持たせ、暦年の昇給を少しでも行うほうが職員も慣れており、モチベーション維持にも寄与するところです。

　また基本給レンジの決定にあたっては、各等級の最低の基本給からある程度のピッチを決めて号俸とし、最高号俸を決めていく形式が多く、介護事業所としては運用しやすいのではないかと考えます。この場合であっても、各等級の最高号俸があまり過大になっていると各等級の基本給の上限が限りなくあるように見え、長く勤務していれば能力を上げず職責がなくても自動的に昇給するかのように見えてしまいます。これでは能力、職責に応じた公平な給与とは言えません。大きな号俸を設定するより、基本的には号俸上限を適正なところで切って、そこを超える基本給は原則的にはないこととし、能力、職責に応じた公平な給与を敷くべきです。

　上限を超える職員には調整給を付加し、当面は月額賃金が下がらないように経過措置を入れます。この調整給を解消するのかしないのか、解消する場合はどのくらいの幅と期間でやるのかは、労働条件の不利益変更に当たるので、慎重に事業所で考えながら職員に提示していくべきこ

とです。

> (6) **基本給レンジが決まったら、今年度予算の範囲内でできるかを見る**

　基本給レンジが決まったら、この時点ではベアや昇給を乗せていき、今年度予算の範囲内でできるかどうか（処遇改善加算の原資があれば使用する）見ていきます。また、旧加算の配分も含め、一時金や賞与から月額賃金に配分可能な部分があれば、そこも配慮して新基本給のアップを図ります。また、違和感が残る場合、手当の額等も調整を行います。
　そして、最終的に上位等級の介護職の基本給レンジは、新加算の区分Ⅱが算定できるように、総合計が年収ベースで440万円に届くように設定します。
　もう一つの留意点は、管理監督職と考えられる職員（施設長等の上位階層者）については、その一つ下の残業代等が支給される階層の職員と待遇に格差を付けることです。時間外超過勤務がなくほとんど残業代を支給していない事業所を除き、管理監督者の上位階層はその下の階層と説明できる待遇格差がないと管理監督者性を否認され、残業代の遡り支給を請求される場合もあるので、ここは注意してレンジを決定していきます。

> (7) **介護職の正職員の賃金ベースができたら、他職種の正職員にも横展開していく**

　正職員の介護職の賃金ベースができたところで、他職種の正職員にも横展開していきます。
　やり方は2通りあり、1つは、基本給のベースは介護職と他職種を合わせておき、資格手当や職務手当（例：専門的仕事に与える手当）で調

Ⅴ　賃金制度の策定

整していく方法です。

　介護職と同じように管理者または経営側で策定した仮格付けに従って、現在の月額賃金（総支給額）の分布を見ていきます。専門職ということでゆがみが出ている場合は、あらかじめ事業所が設定した総支給額に合うように資格手当や職務手当を調整すると、事業所としては運用しやすい賃金体系になると考えられます。

　基本給を介護職と統一できない場合は、もう1つの方法として、医療職等レンジの合わない専門職の基本給を別テーブルにする方法もあります。

　この場合は、管理監督職等の上位階層になったときでも介護職と医療職等とで差を設けるのかどうかということも十分検討した上で基本給レンジを決定していく必要があります。

> (8) 正職員の賃金体系、基本給レンジが決定したら、非正規職員の賃金体系も検討する

　正職員の賃金体系、基本給レンジが決定したら、非正規職員の賃金体系も検討していきます（第5章参照）。

Ⅴ－④－6　昇降給、昇降格要件の決定

　処遇改善加算のキャリアパス要件を満たすには、昇給・昇格要件を確定させる必要があります（区分Ⅲを算定するのに必要）。

　評価のシステムがない小規模事業所や非正規職員（出来高給制の登録型のヘルパーを含む）も、資格要件を取り入れた場合は、新加算を算定するための昇給昇格要件であれば資格の階段を作成し、資格手当で対応することができます。例えば、初任者研修修了、実務者研修修了、介護福祉士取得、介護支援員取得、その他複数資格取得というような形で資格の階段を作成し、資格手当で対応するのです（第3章で解説）。

　しかしながら、実務上は昇給・昇格だけでなく賃金の改定（降給・降

格する際の要件）も決定しておくべきと考えます。

　なぜなら、介護事業所の、個別に貢献度や頑張り等を評価して昇給に結び付けてあげたい、責任感が強くマネジメントを任せられる人を昇格させたい、などのニーズをも満たすには、どうしても評価のシステムを確立する必要があるからです（方法は第３章で解説）。

　昇降給については、年次のもので、本来は評価が反映されるべきです。評価のシステムがない小規模事業所や非正規職員（出来高給制の登録型のヘルパーを含む）に関しては、経験年数や資格要件を取り入れる必要がありますが、ある程度の規模感のある介護事業所に関しては、評価により個別に対応すべき問題と考えます。

　昇給・昇格の原資については、その年の事業所の利益等を予算とするため、毎年変動する可能性があります。予算内に収めるには、毎年自動昇給で３号俸を標準昇給とする等を規程等で決定しておくのは危険で、ある程度フレキシブルに設定できるように決定しておいたほうがよいでしょう。介護事業所には、毎年自動的に昇給する制度に馴染みを感じるところも多いのですが、総額人件費が高騰している事業所に関しては、将来の事業所存続に関わるケースもあると考えたほうがよいのではないかと考えます。具体的な昇給・昇格と予算からの反映の方法については、第４章で解説します。

Ⅴ－④－７　全職員の移行データを作成する

　以上の検討が終わった段階で、全職員についてキャリアパスに基づいて最終的に格付けを決定し、賃金改定後の移行データを作成します。その際、移行の段階で不利益変更が起こらないように配慮します。

　上記(5)に述べたとおり、レンジ上限を超過する職員には調整給を支給し、移行時に不利益な変更とならないようにします。将来的には調整給を解消していくのであれば、賃金制度の変更そのものも含め、職員から個別に同意を得て移行する必要があります。

新人事制度の運用にあたって

■Ⅵ-① 新人事制度を運用するために必要な準備

　等級制度、評価制度、また賃金制度を作成して運用を始めるには、次の準備が必要です。

> 1　就業規則、給与規程、人事考課規程等の作成
> 　（変更された規程の理事会（役員会）等の上程、労働基準監督署への提出等含む）
> 2　従業員説明会の実施
> 3　労働条件変更通知書等の作成、交付
> 　（制度変更により、不利益変更が生じる可能性のある場合は、制度変更の同意書等の作成、交付、回収）

　順番に注意点を見ていきましょう。

Ⅵ-①-1　就業規則、賃金規程、人事考課規程等の作成（もしくは変更）

　各制度の作成もしくは変更により、職員の処遇や働き方に変更が生じることとなるため、その根拠となる規則や規程類の作成（もしくは変更）が必須ですが、これらの重要な規程類の作成（もしくは変更）には、社会福祉法人等では理事会の承認、株式会社では取締役会等の承認も必要となるケースが多いです。

　このため、翌年度の4月から新制度に変更しようと頑張って制度設計をしても、理事会（もしくは取締役会）の上程・承認に間に合わないということも起こり得ます。当初からこの上程・承認を予定に組み込んで

おかなければ、最悪、予定どおりに運用を開始できないというような話になりかねませんので、要注意です。

　規則や規程の作成（もしくは変更）後、理事会承認等を経て職員向け説明会を実施し、それから職員代表の意見書を取得して労働基準監督署へ提出、という流れになります。

　賃金規程では、処遇改善加算がどのように配分されているかという部分が要注意です。支給対象職員、賃金のどの部分（基本給の一部、処遇改善手当、一時金等）に使われているのかに関する記載は必須です。その上で、処遇改善加算の制度が変更になれば、処遇改善加算が使われている給与の部分も変更になる旨の記載も必要です。

　賃金改定後の基本給のレンジに合わず経過措置として調整給を設け、何年かかけて減少させて解消していく場合、どのように解消していくか等を記載することも重要です。このような経過措置についても従業員に周知されていなければ実施できないため、規程に記載して職員向け説明会でしっかり説明の上、該当職員からは変更同意書等を取得します。

　また、作成したキャリアパスは、給与規程もしくは人事考課規程に、またキャリアパス規程を別途作成するならそこに、必ず、全介護職員を包括する形で掲載しておく必要があります。

Ⅵ－①－2　職員向け説明会の実施

　介護事業所ではシフト勤務も多く、全職員が集まっての説明会は難しいケースが多いです。実施方法は、リアルの説明会を録画するなり当初からオンラインで開催し録画機能により録画するなりして録画データを作り、配付することでも可能です。必ず職員全員が見られる方法を採用しましょう。

　また、なるべくわかりやすい資料を作成の上、制度変更の目的を含め従業員にきちんと伝えることが説明会の目的達成、ひいては制度導入（もしくは改定）の成功につながります。

Ⅵ-①-3　労働条件変更通知書等の交付

　職員向け説明会で制度全体や従来制度との変更点などを周知した後、労働条件変更通知書を作成、交付して個別に変更点を通知、必要があれば説明を行います。制度変更に際して不利益変更が生じる場合、もしくは不利益変更が生じる可能性がある場合には、制度変更に対する同意書を取得します。必要があれば、個別に制度変更の趣旨や制度を運用していった場合にどのようなことが予測されるかということを丁寧に説明して、同意を得ます。

■Ⅵ-②　より良い事業所にしていくために

　人事制度の導入や変更は、事業所がより良い方向へ向いていくための方法の一つです。
　そのため、単に運用していくだけでは不十分です。毎年管理者を含め研修等を行い、運用上の問題点はないのか、改善できる点はないのかを確認しつつ、事業所の向いている方向が正しいのか、評価等の問題は生じていないのかといった根本的な問題にも向き合い、必要ならば改定も検討するという振り返りのサイクルを回し続けることが必要です。
　さらに、事業所内の課題を踏まえてサイクルを回すことに加え、処遇改善加算も利用できるだけ利用する制度へと手直しを加え、職員がより良い方向へ成長していける事業所を目指しての運営が望まれます。

第3章
介護職員等処遇改善加算を算定するための評価制度を策定する

Ⅰ 評価制度導入にあたっての留意点

■Ⅰ-① 評価制度の導入を前向きに捉えてもらえるよう意義、目的を職員に伝える

　新加算の区分Ⅲを算定するために昇給昇格制度を導入する場合、経験年数と資格のみで決まる制度にしてしまうと、画一的で、個別の頑張り等を反映することはできません。介護事業所が思う職員成長のメッセージを伝えるためにも、事業所の理念や方向性を伝えるためにも、評価制度の導入は前向きに考える必要があります。

　介護事業所において「評価」というと、人が人を裁くようなイメージがあるのか、やりたがらない職員も多く、評価制度を導入するというだけで組織が揺らぐこともあります。評価をやりたくないがためにマネジメント層に昇格することを職員が拒否するケースもあるというくらい、「評価」に対するイメージは良くない場合が多いです。

　しかし評価は、決して部下を裁くことでもなく、また給与や賞与の額を決定するだけのためのものでもありません。事業所として、職員に何を望んでいるのかを、評価項目を通じて職員に伝えていく役割があると考えます。

　したがって、評価を行う意義としては、職員一人ひとりに、各ステージで何を頑張っていけばよいのかを伝える、ということがあります。また評価の結果には、職員自身がどういうことができていたのか、またできていなかったのかを知ることにより、今後、どのように努力していけばよいのかを自覚できるようになる、という意義があります。その結果、個々の職員の成長につながり、職場環境も良くなって組織の成長につながることが目的となります。

● 図表3−1

法人からの評価は、職員にどんな影響があって何をもたらすでしょうか？

等級	1等級	2等級	3等級	4等級	5等級
任用要件	指導を受けながら日常的な業務を行う	自立して日常業務ができる	介護技術に優れたものを持ち、チーム介護ができる。リーダーシップを持って管理者を補佐できる	リーダーシップを持って部門管理できる。部門間の調整能力がある	法人全体のマネジメントを考え部門をまとめることができる
職位・職階	試用期間＋初任者	一般職（初級）	一般職（上級）／主任・副主任者	管理職／主任者	部長／管理者（上級）
職務要件	・勝手な遅刻・早退等をしない ・ルール約束を守ることができる ・仕事の内容を理解している ・報告連絡相談ができる、法人の理念を知っている。 ・きちんとした返事ができる	・先輩の指導がなくてもほとんどの業務を理解できる ・報告連絡相談ができる、個人情報についての理解ができる ・業務記録が書ける	・業務については一人でできる、チーム介護についても理解できている ・優れたやりかたを考えながら介護ができる ・新人の教育ができる ・リスクを認知できる ・モニタリング、レクリエーションができる	・担当業務において部下の指導ができる ・他職種との連携をとることができる ・法人としての在り方を理解し、リスク、事故等まで行動できる。利益についても理解できる	・法人全体のことを考え、指導、教育ができる ・法人全体のことを考えた行動ができる ・会議等を主催できる ・理事長を補佐して、あらゆる業務について理解をする

職員の成長！

　評価を決してマイナスのイメージで捉えられないよう、評価することの意味や意義、目的を職員に伝えていくことが重要です。

Ⅰ−② 評価者の目線合わせなど、制度を運用するための体制づくりも必要

　上記のとおり、介護事業所の職員には評価をやりたくないがためにマネジメント層に昇格することを拒否する人もいます。
　そのため、全職員に対して意義や目的を伝えるのとは別に、評価者となる職員に対して評価の目的や評価のしかた、フィードバックのしかたなど伝えて理解してもらうための訓練または研修が必要になります。詳しくはⅥで述べます。

Ⅱ 評価制度導入の枠組み

　評価制度導入にあたって、どういうステップで考えて行けばよいか、当初、枠組みとして押さえておくべきことを**図表３－２**に示しました。この枠組みに沿って評価項目を決めたり評価表の作成を進めたりするので、策定に関わるメンバーの間で共有しておく必要があります。

● 図表３－２　評価制度導入にあたっての枠組みの考え方

1．目的をもう一度整理 ※職員には何を求めるのか	評価表の形式を決める ・法人が求める姿、行動を伝える場合…Ⅲ－① ・スキル（基礎スキル、マネジメントスキルなど）をみる場合…Ⅲ－② ・技術をみる場合…Ⅲ－③ ・目標を設定して達成度をみる場合…Ⅲ－④
2．評価表は、何種類、何階層分をどこまで作るか？	・等級別、階層別（一般、中堅、管理）…Ⅳ－① ・職種別…Ⅳ－② どこまで作るかは法人規模やどこまでやりたいかによる（作成する数と工数は比例）
3．評価結果はどこまで何に使うのか？ スケジュールは？	・昇給、昇格、賞与に連動させるか…Ⅴ－① 　（いつからできるのか） ・教育、研修の一環にとどめるか…Ⅴ－② 　（フィードバックはどうするのか） ・年１回評価か年２回評価か…Ⅴ－③

評価の目的に合わせて評価項目を決定する

　ここでは、評価制度を導入するために事業所で考えておくべきことおよび、評価表を作成する際の評価項目の立て方および例を述べます。

　図表3－2のとおり、評価表の形式は、評価を何のためにやるのか、その目的によって変わります。実際の評価表の形式は、以下のⅢ－①からⅣ－④までのどれを重点的にやりたいかによって、複数の組み合わせになることが多いです。それぞれの評価表を自事業所で作成する場合の簡便な方法を参考例とともに紹介しますので、参考にしてください。

■Ⅲ－①　各等級の職員に事業所が求めるあるべき姿、行動を伝えていきたい場合

　この場合は、各等級の職員に、行ってほしいと望む行動特性（コンピテンシー）を元にして評価表を作成します。そのため、望むべきコンピテンシーを直接評価項目にして、評価を行える体系を整えます。

　コンピテンシーを基本にして評価表を自事業所で作成する場合は、一般的な介護従事者の例も含め、コンピテンシーディクショナリーとして多く出されているので、その中から、自事業所に適した項目、自事業所として大切にしたい項目を等級ごとに考えるという工程で行います。コンピテンシーディクショナリーとして参考になる例を次ページ図表3－3に引用しました。

　既製のコンピテンシーディクショナリーを参考に作成する方法のほかに、良好なコンピテンシー項目を生成 AI に検索させて項目出しをすることも可能です。その場合、最初は次のようにとても簡単な指示をします。

● 図表3-3　コンピテンシーディクショナリー（介護福祉士初任）例

コアコンピテンシー	具体的能力
1 介護を実践するための基本能力	(1) 尊厳を保持し、自立を支援する能力 (2) 対象となる人の権利を擁護する能力 (3) 意思表示や意思決定を支援する能力 (4) 支援に必要な人間関係を形成する能力
2 対象となる人を生活者として理解する能力	(5) 生活者を身体的・心理的・社会的・実存的側面から理解する能力 (6) 生活者をとりまく環境を理解する能力 (7) ライフサイクルの観点から生活者を理解する能力
3 心身の状況に応じた介護を実践する能力	(8) 対象となる人や家族をエンパワメントする能力 (9) 対象となる人の日常生活や社会生活を支援する能力 (10) 障害や認知症、慢性疾患などのある人を支援する能力 (11) 介護予防やリハビリテーション、終末期などの状況に応じて支援する能力
4 多様な環境や状況に対応した介護を実践する能力	(12) 生活の場や家族形態・状況に応じて支援する能力 (13) 安心・安全な生活環境を整える能力 (14) 制度やサービスなどの社会資源を活用し、支援する能力 (15) 災害などの非常事態に対応し、支援する能力
5 介護過程を展開する実践能力	(16) 対象となる人をアセスメントする能力 (17) アセスメントに基づき介護計画を作成する能力 (18) 根拠に基づき生活支援技術を適切に実践する能力 (19) 実践を評価し、改善する能力
6 チームで働くための実践能力	(20) チームの一員としての役割を自覚し、協働する能力 (21) 他の職種・機関などと連携する能力
7 専門職として成長し続ける能力	(22) 実践の中で研鑽を深め、研究する能力 (23) 介護にかかわる情報を発信する能力 (24) 自身の健康を管理する能力

（出典）公益社団法人日本介護福祉士養成施設協会『平成30年度 生活困窮者就労準備支援事業費等補助金社会福祉推進事業 介護福祉士養成課程における修得度評価基準の策定等に関する調査研究事業報告書』

> プロンプト例
> 一般職層の介護職員に必要なコンピテンシーディクショナリーを表形式で挙げてください。
> 次に管理職層の職員に必要なコンピテンシーディクショナリーを表形式で挙げてください。

すると、図表3-4のように結果を表示してくれますので、これを土台として、事業所でディスカッションしながら完成させていくのも一つの方法です。

● 図表3-4　生成AIによって作られたコンピテンシーディクショナリー例

【一般職層】

カテゴリ	コンピテンシー	具体的行動例
専門知識と技術	基本介護スキル	移動、食事、排泄、入浴などの基本介助を正確かつ丁寧に実施する
	健康管理	バイタルサインの確認や記録を適切に行い、異常があれば報告する
	感染症予防	手洗いや消毒、適切な個人防護具の使用を徹底する
コミュニケーション能力	利用者対応	利用者の話をよく聞き、安心感を与える対応を行う
	家族との連携	家族に利用者の状況をわかりやすく伝え、質問に答える
	チームワーク	同僚や他職種と協力し、業務を円滑に進める
倫理観と人間性	思いやり	利用者に対して敬意を持ち、丁寧かつ思いやりのある対応をする
	プライバシー配慮	利用者の個人情報を保護し、プライバシーを尊重する行動を取る
	利用者尊重	利用者の価値観や意向を理解し、それを尊重したサービスを提供する

Ⅲ　評価の目的に合わせて評価項目を決定する

カテゴリ	コンピテンシー	具体的行動例
問題解決能力	リスク察知	利用者の体調や環境の変化に気づき、迅速に報告・対応する
	柔軟な対応	突発的なトラブルや業務の変化に冷静に対応する
	改善提案	日々の業務の中で気づいた改善点を積極的に提案する
学習意欲と成長	業務知識の習得	介護技術や制度について自主的に学び、日々の業務に活用する
	フィードバックの活用	上司や同僚からのフィードバックを受け入れ、行動に反映させる
	資格取得意欲	介護福祉士や認知症ケアの資格取得を目指し、学習を続ける
ストレス管理	自己管理	業務中の健康管理やメンタルケアを行い、仕事の質を維持する
	職場内の関係調整	チーム内でのコミュニケーションを円滑にし、対立があれば適切に解消する
利用者中心のケア	ニーズの把握	利用者の身体的・心理的ニーズを的確に理解し、対応する
	個別ケアの提供	一人ひとりの状況や希望に合わせたケアを提供する
	QOL向上の支援	利用者の生活の質を高めるための取組みを積極的に行う

【管理職層】

カテゴリ	コンピテンシー	具体的行動例
リーダーシップ	チームマネジメント	チーム全体の業務を把握し、適切な役割分担を行い、目標達成に導く
	モチベーション向上	スタッフの意欲を高めるための適切なフィードバックや支援を提供する
	人材育成	スタッフの能力やスキル向上を支援し、教育や研修を計画的に実施する
戦略的思考	組織目標の策定	部署や施設全体の目標を明確にし、それに向けた具体的な計画を策定する
	資源の最適化	利用可能なリソース（人材、設備、時間）を最大限に活用する方法を設計する

	長期的視野	中長期的な組織の発展を見据えた計画や施策を提案し実行する
コミュニケーション能力	組織内連携	他部署や他職種と円滑に連携を取り、情報共有を促進する
	外部調整	地域や行政機関、外部関係者と適切に交渉し、連携体制を強化する
	コンフリクトマネジメント	チーム内外の意見対立やトラブルを解消し、調和を保つ
問題解決能力	リスクマネジメント	利用者やスタッフに影響を及ぼすリスクを特定し、適切な対策を講じる
	データ活用	施設運営やケアの効果を評価するためにデータを収集・分析し、改善につなげる
	クライシスマネジメント	緊急事態や危機的状況において迅速かつ適切な判断を行い、被害を最小限に抑える
倫理観と組織文化の醸成	行動規範の浸透	組織の理念や行動規範をスタッフに浸透させ、日々の業務に反映させる
	公平性と透明性	判断や評価を公平かつ透明性のある方法で行い、信頼を築く
	ダイバーシティ推進	多様な背景を持つ人材や利用者が快適に過ごせる環境を整える
ストレス管理	スタッフケア	スタッフのメンタルヘルスやストレス状況に配慮し、適切なサポートを行う
	自己管理	自身の健康やストレスを適切に管理し、リーダーとして模範を示す
学習意欲と成長	組織学習	新しい知識やトレンドをチームや組織に取り入れ、成長を促進する
	自己啓発	リーダーシップや専門知識のさらなる向上を目指して学び続ける
	改善文化の促進	失敗や課題から学び、組織全体の改善を推進する

　また、上記のような表示結果の中に介護事業所が特に重要と認識する項目があれば、次のようにその項目に関する指示を追加して、生成AIに内容を掘り下げてもらったりすることも可能です（図表３－５）。

> プロンプト例
> 一般職の介護職員のコンピテンシーのうち、倫理観と人間性の項目をもう少し掘り下げ項目を増やして表形式で表してください。

● 図表3－5　特定の評価項目を掘り下げた表示結果

カテゴリ	コンピテンシー	具体的行動例
倫理観と人間性	思いやりと尊重	利用者やその家族に対して温かく、丁寧で配慮のある対応を行う
	プライバシー保護	利用者の個人情報を厳重に管理し、プライバシーを尊重したケアを提供する
	利用者尊重	利用者の価値観や生活習慣を尊重し、本人の意向に沿った介護サービスを提供する
	誠実さと正直さ	利用者や家族、同僚に対して誠実かつ正直な姿勢で対応する
	説明責任	自分が行うケアや行動について利用者や家族にわかりやすく説明し、安心してもらえるよう努める
	公平性の確保	特定の利用者や家族、同僚に偏らず、すべての利用者に公平に接する姿勢を持つ
	共感能力	利用者の立場や気持ちに共感し、その人が感じている不安や悩みに寄り添う姿勢を持つ
	倫理的な判断力	難しい状況やトラブルが生じた際、倫理的に正しい判断を下し、誠意をもって対応する
	利用者の自己決定権の尊重	利用者が自分で意思決定できるようサポートし、本人の意向を可能な限り尊重する

	多様性の尊重	文化的、宗教的、性別や年齢などの多様な背景を持つ利用者に対して、偏見なく接し、それぞれの個性を尊重する
	支援への誠意	利用者のQOL向上を目的に誠意を持って介護業務を遂行し、日々の支援に真摯に取り組む
	感謝の姿勢	利用者やその家族からの感謝の言葉や指摘を謙虚に受け止め、今後の業務改善や自己成長につなげる

　項目出しは、各部署から選出されたプロジェクトチームで行う場合も多くあります。その場合は、既製のコンピテンシーディクショナリーに載っている良好なコンピテンシー項目から、自事業所、各等級に最適だと思う項目を各自で選びます。そして、自事業所の職員に置き換えた場合の具体的な行動特性を、実際に考えながら文字で書き出して評価表に落とし込んでいくと、全員の意識も高まり、より自事業所に即した評価表になります。実際に評価するときの管理者等の目線も違ってくるはずです。

　作成した評価表は、何年かに1回のペースで定期的に見直し、管理者等で共有して職員にどのような行動を望むか、意識を保ち続けることも重要です。

● 図表3－6　コンピテンシーモデルを使った評価表例

《一般項目》

大項目		具体的な行動	自分	上司
第一印象度	①	会社規定に基いた身だしなみをしている		
	②	率先して（できる限り3コール以内に）電話に、時間にあった挨拶で出ている		
	③	日常的に気持ちの良い挨拶を心がけ、他者より「あの人の言葉づかいはすばらしい」と言われる		
誠実さ	①	一つひとつの業務に丁寧に最後まで取り組んでいる		
	②	自分の非を素直に認め指摘された間違いはすぐに訂正する		
	③	嘘や暴言・軽口は言わない（利用者様　会社スタッフの悪口を言わない）		
率直性	①	相手（利用者様、会社スタッフ）が理解しやすいように要点をまとめて説明ができる		
	②	理由と根拠を持った説明ができる		
	③	まず自分で整理してから（隠さずに、正しく）連絡、報告、相談する		
慎重さ	①	わからないことは素直に聞き、常に最善の方法を考える		
	②	スケジュール管理がしっかりしている（優先順位等がきちんとつく）		
	③	決められたルールや時間、提出期限を守る		
傾聴力	①	感情的にならず、話を聴くことができる		
	②	相手の話をさえぎらずに、目線を合わせ相槌を打ちながら、否定せずに聞くことができる		
	③	一人ひとりのスタッフやご利用者様およびご家族とより良い信頼関係を築こうとしている		
思いやり	①	相手が嫌がることは言わない、やらない		
	②	相手の気持ちに寄り沿った行動ができる		
	③	目配り、気配りをもった行動ができる		
自己革新（啓発）	①	研修計画に基づく研修、業務上必要な研修に積極的に参加している		
	②	自分の苦手分野を理解し、少しでも成長している		
	③	自分の仕事に関する情報を自ら積極的に取り入れる		
チャレンジ性	①	部門で決定した新しい企画、決定事項を素直に受け入れ、自分自身で展開方法を考えられる		
	②	利用者様の気持ち、要望がわかり、自ら発案して、行動できる		
	③	人の意見をとり入れ、会社の利益も考えながら、改善、チャレンジできる		
状況分析	①	ヒヤリハットから予測されるトラブルを想定し、予防策や対応を考えられる		
	②	事故・クレームなど初期対応が速やかに行えるよう瞬時に状況を把握し正確に報告する		
	③	日々の適切な報告・連絡・相談をすることができる		
理念・方針の共有	①	常に理念に基づいた業務を行っている		

0％

Ⅲ-② 等級要件表に沿って評価を行う場合

　等級要件表には、各等級でできなければいけないことが記載されています。これがその等級の職員に必要な行動、技術であるとすると、等級要件表の文言をそのまま使って評価項目にするのが、一番簡単に評価表を作成する方法です。

　具体的には、等級ごとに等級要件表の大項目をベースに、小項目について一つひとつ評価項目として成り立つかどうかを精査し、評価として成り立つならば、小項目をそのまま評価項目にしてみます。すべてが評価項目になり得るとは限らないので、精査しながら決定します。

　この方法の発展形として、小項目をそのまま使うのではなく、どのよ

うな態度・行動ならその項目をクリアしていると言えるのかを考え、コンピテンシー的な要素を取り入れた細かい評価項目を設定していく方法があります。例えば、以下のように小項目を変換していきます。

| 等級要件表の小項目 | 法人職員としての基本姿勢；職員としてふさわしい振舞いをする |

| 行動評価項目 | ・相手に不快な思いをさせないような、業務に適した身だしなみをする
・誰に対しても気持ちの良い挨拶や言動ができる |

　このような変換も生成AIが得意とする作業なので、等級要件表を読み込ませた後で下記のように指示し、生成AIの力を借りて項目立てのたたき台を作成することも可能です。

> プロンプト例
> 　（事業所情報、等級要件表を読み込ませた後）
> 　等級要件表のⅠ等級のそれぞれの大項目に該当する評価を考えて表形式で示してください。

● 図表3-7　等級要件表を用いた評価表の形式例

(等級要件表)

キャリアパス基準案（介護職）
【正職員】

階層		一般職		
等級		1等級	2等級	3等級
職位目安		初任者・初級者	中級者	上級者・サブリーダー
経年年数目安		未経験〜3年	半年〜5年	3〜6年
イメージ		未経験または経験の浅い人、新任者、自立を目指す人	立して仕事が行える人	アドバイザー 現場のお兄さん・お姉さん役
任用要件		指導・助言を受けながら日常的な業務を行う	立して日常業務を行う	(介護)技術に優れたものを持ち、チーム介護またはチームで仕事を行う
等級要件	法人の職員として	法人の理念、経営方針を理解する 法人で定められたマナー・ルールを守る 任された仕事に対し責任をもって取り組む		
	判断と報連相 指揮・命令	随時、上長への報告・連絡・相談を行う		
	業務遂行 責任・権限	指示の範囲内での業務達成に責任を持つ 指導・助言を受けながら目標達成に向け行動する 業務内容を理解し、指導・助言を受けながら業務を遂行する 自ら学ぶ		
	サービスの質の向上 業務改善/品質の向上	良質なサービスの提供を習得する 業務に関わる関係法令を習得する 求められていることを理解し、正しく提供する		
	職員（上位・同僚・部下）対応	指示を理解し、指示に従い業務を遂行する		
	リスク管理 トラブル処理	日常業務におけるリスクを理解する		
	企画立案			

資格要件				
	介護支援専門員	介護支援専門員	介護支援専門員	介護支援専門員
	サービス提供責任者	介護福祉士	介護福祉士	介護福祉士
	介護員	介護職員初任者研修課程・ホームヘルパー2級以上		
	生活相談員	・社会福祉士、社会福祉主事、介護支援専門員、相談員要件を満たす者のいずれか		
	機能訓練指導員	理学療法士、作業療法士、言語聴覚士、看護師、准看護師のいずれか		

122　第3章　介護職員等処遇改善加算を算定するための評価制度を策定する

指導職		管理職（管理監督者）
4等級	5等級	6等級
リーダー	主任	施設長・事務長

チームのまとめ役 役職者とのパイプ役	現場業務の責任者	部門全体の管理監督者 法人の視点に立つ
リーダーシップを身につけており、部門のリーダーまたはリーダーの補佐としてチームをまとめる	十分な管理知識とリーダーシップを持って部門管理を行い、部門間の調整能力がある	高度な管理・専門能力をもち、部門全体をまとめる。また経営層を補佐して法人全体のマネジメントを考える
部下の行動について、理念に沿った行動ができるように指導を行う 顧客・組織・部門の利益が出るような行動がとれる 改善策・予防策を部下に徹底させる		
サービス提供上の裁量の範囲での判断と、上長への報告・連絡・相談を行う 内容や期日を正確に伝え部下の手本となる		
上長を補佐し、担当するチーム（部署）の業務遂行の責任を果たす 担当範囲内での判断・裁量権を有する 事業計画上の役割を果たす チームをまとめ目標達成に向け指導助言を行う 目標を決め着実に実行できる計画を立てる		
サービスの質の向上のため職員への指導・助言を行う 人材育成やリーダーシップについて積極的に学ぶ 常に改善・向上の視点を持って実行する		
上長の補佐および部下の育成・指導を行う 新任者・一般職の育成を行う 心を開いて言い合えるような職場の雰囲気をつくる 部下の意見に耳を傾け協働する		
サービス提供上のリスクマネジメントを行う 事業所の運営上の苦情解決を行う 解決策を提案し、方向性を示す		
担当するチーム（部署）の事業計画の立案に参画する 中長期を見据え業務を遂行する		
介護支援専門員 介護福祉士		
介護福祉士 ・社会福祉士、社会福祉主事、介護支援専門員、相談員要件を満たす者のいずれか ・介護福祉士		
理学療法士、作業療法士、言語聴覚士、看護師、准看護師のいずれか		

→ 等級要件の項目に沿って各等級の評価表（次ページ）に落とし込む

Ⅲ 評価の目的に合わせて評価項目を決定する

(評価表（1等級）)

1等級 評価表　　年度：　　　部署名：　　　氏名：

等級イメージ ：未経験または経験の浅い人、新任者、自立を目指す人
任用要件　 ：指導・助言を受けながら日常的な業務を行う

		自己評価	上司評価	ウエイト
法人の職員として	法人の理念、経営方針を理解している	4	3	1
	法人で定められたマナー・ルールを守っている	4	3	
	任された仕事に対し責任をもって取り組んでいる	4	3	
判断と報連相 指揮・命令	随時、上長への報告・連絡・相談を行っている	4	3	2
業務遂行 責任・権限	指示の範囲内での業務達成に責任をもっている	4	3	2
	指導・助言を受けながら目標達成に向け行動している	4	3	
	業務内容を理解し、指導・助言を受けながら業務を遂行している	4	3	
	自ら学ぶ姿勢がある	4	3	
サービスの質の向上 業務改善/品質の向上	良質なサービスの提供を習得している	4	3	1
	業務に関わる関係法令を習得している	4	3	
	求められていることを理解し、正しく提供している	4	3	
職員（上位・同僚・部下）対応	指示を理解し、指示に従い業務を遂行している	4	3	1
リスク管理 トラブル処理	日常業務におけるリスクを理解している	4	3	1
	合計点	72	54	
	100点満点換算点	100	75	

(評価表(4等級))

4等級 評価表　　年度：　　　　部署名：　　　　氏名：

等級イメージ：チームのまとめ役、役職者とのパイプ役
任用要件：リーダーシップを身につけており、部門のリーダー又はリーダーの補佐としてチームをまとめる

		自己評価	上司評価	ウエイト
法人の職員として	部下の行動について、理念に沿った行動ができるように指導を行っている	4	3	2
	顧客・組織・部門の利益が出るような行動をしている	4	3	
	改善策・予防策を部下に徹底させている	4	3	
判断と報連相 指揮・命令	サービス提供上の裁量の範囲での判断と、上長への報告・連絡・相談を行っている	4	3	1
	内容や期日を正確に伝え部下の手本となっている	4	3	
業務遂行 責任・権限	上長を補佐し、担当するチーム(部署)の業務遂行の責任を果たしている	4	3	1
	担当範囲内のことについて、正しく判断できている	4	3	
	事業計画上の役割を理解し、役目を果たしている	4	3	
	チームをまとめ目標達成に向け指導助言を行っている	4	3	
	目標を決め着実に実行できる計画を立てている	4	3	
サービスの質の向上 業務改善/品質の向上	サービスの質の向上のため職員への指導・助言を行っている	4	3	1
	人材育成やリーダーシップについて積極的に学び実践に移している	4	3	
	常に改善・向上の視点をもって実行している	4	3	
職員(上位・同僚・部下)対応	上長の補佐および部下の育成・指導を行っている	4	3	2
	新任者・一般職の育成を行っている	4	3	
	心を開いて言い合えるような職場の雰囲気を創っている	4	3	
	部下の意見に耳を傾け、ともに業務遂行を行っている	4	3	
リスク管理 トラブル処理	サービス提供上のリスクマネジメントを行っている	4	3	1
	事業所の運営上の苦情解決を行っている	4	3	
	解決策を提案し、方向性を示すことができている	4	3	
企画立案	担当するチーム(部署)の事業計画の立案に参画している	4	3	2
	中長期を見据え業務を遂行している	4	3	
	合計点	124	93	
	100点満点換算点	100	75	

Ⅲ 評価の目的に合わせて評価項目を決定する　125

■Ⅲ-③ 技術（介護スキル、マネジメントスキル等）を評価したい場合

　各等級において、どこまで技術的なところができていればよいのかを評価したい場合もあると思います。ここは事業所によって大きく意見の分かれるところです。介護スキル等は、あくまでその部署の方針に従った技術マニュアル等を基準にできているか否かをチェックすればよく、等級ごとにレベルを設定する方法では評価しないという事業所と、きちんと等級別の評価を行いたい事業所（キャリアパスに技術レベルを組み入れて、上位等級に進むにはレベルアップが必要とする）とがあります。

　技術を評価項目に入れる際には、対象の職種にどのような技術があり、各等級にどこまで何を求めるのかをプロジェクトチーム等で考える工程が生じます。この際、キャリア段位制度で議論された期首評価表や厚生労働省の職業能力評価シート等が参考になります。

※キャリア段位制度の期首評価表
　　https://careprofessional.org/careproweb/document
※厚生労働省　職業能力評価シート（介護）
　　https://www.mhlw.go.jp/stf/seisakunitsuite/bunya/0000093927.html

---

　また、Ⅲ-②と同様に生成 AI に集めさせることも可能で、短い時間で大変精度の高いものが集まってきます。
　例えば、図表３－７のような等級要件表を読み込ませた上で、次のように指示します。

> プロンプト例
> (等級要件表を読み込ませた後)
> Ⅰ等級に必要とされる介護技術について、どのように評価するか表形式で教えてください。

● 図表3-8　技術評価例

評価項目	行動内容	評価基準
食事介助	- 利用者の食事介助を安全に行っているか	- 食事介助中に利用者の体調や表情を注意深く観察し、適切に対応しているか
	- 食事中の利用者の体調変化を観察しているか	- 食事の際に適切な声かけやサポートを行っているか
	- 食事の好みやアレルギーに注意を払っているか	
入浴介助	- 利用者のプライバシーを保護しつつ、適切に入浴介助を行っているか	- 入浴中に利用者の安全を確保し、転倒や事故を防いでいるか
	- 入浴前後の体調確認を怠らないか	- 入浴前後に利用者の体調や皮膚状態を観察し、変化を報告しているか
	- 入浴設備や器具の安全性を確認しているか	
排泄介助	- 利用者の排泄のタイミングやパターンを把握しているか	- 排泄介助中に利用者の体調変化を確認し、必要な対応を行っているか
	- プライバシーを保護しつつ、適切に排泄介助を行っているか	- 排泄後の清掃や手洗いを徹底し、衛生管理を行っているか
	- 排泄後の清潔保持を徹底しているか	
移動・移乗介助	- 利用者の安全を確保しつつ、適切な介助方法を用いているか	- 利用者の状態に応じた適切な介助方法を選択し、安全に移動・移乗を行っているか
	- 利用者の体調や能力に応じた移動・移乗介助を行っているか	- 器具や補助具の点検を行い、正しく使用しているか
	- 器具や補助具の正しい使用方法を理解しているか	
バイタルサインの測定	- バイタルサインの測定方法を正しく理解しているか	- 正しい方法でバイタルサインを測定し、誤差なく記録しているか
	- 定期的に利用者のバイタルサインを測定し、記録しているか	- 異常値や変化に気づき、迅速に報告し、対応を求めているか
	- 異常値や変化を迅速に報告しているか	

評価のポイント

正確性：介護技術を正確に実行し、利用者の安全を確保できているか。
観察力：利用者の体調や変化を適切に観察し、報告できているか。
コミュニケーション：利用者とのコミュニケーションを通じて信頼関係を築き、ニーズに応じた介助ができているか。
衛生管理：介助後の衛生管理を徹底し、感染症の予防に努めているか。

Ⅲ-④　目標の達成実績を評価に取り入れたい場合

　マネジメント層では、介護事業所の大枠の方針に基づき、自分の部署ではどのように行動すれば目標を達成できるかという観点から個別に目

標を設定し、その目標の達成度を評価するケースもあります。また、各等級のレベルの中で各人別の目標を立て、それに向かって努力した結果を評価するケースも考えられます。

　一般的に目標管理制度（MBO）とよばれる評価制度ですが、介護事業所では、目標設定がうまくできずに機能しなくなってしまうケースが多く見受けられます。例えば、職員自身に目標を考えさせると所属する等級レベルに比較して簡単過ぎたり難し過ぎたりして、評価する上司も混乱して点数が付けられない例を多く見ます。必ず目標設定時に上司が一緒に考えて、事業所の方針や部署の方針および本人の等級レベルに合った目標なのかどうかを精査する必要があります。評価対象期間後は、上司と一緒にどこまでやれたかを振り返る面談が行われれば、職員ができたこと・できなかったことを確認できて次の評価期間に何をすればよいかを知ることができるため、成長につながります。

　適正な目標設定と運用を間違えないように行いたいものです。そのためには、部下と一緒に考える上司も、研鑽が必要です。

★ 図表3－9　目標達成シート例

※受講者以外公開禁止

目標達成シート

所属		氏名	

基本目標	
目的	

数値目標 （3ヶ年）	指標（　　年度）	指標（　　年度）	指標（　　年度）

今期の重要課題・施策	KPI（業績評価指標）	目標値	アクションプラン	達成値	成果	課題	改善目標

Ⅳ 部署や職種、等級の数から作成する評価表の枚数を決める

　介護事業所は多様なサービスを展開しているケースが多く、多くの部門、多くの職種が一緒に仕事を担っています。また、キャリアパスに従って仕事の難易度や職責が異なっており、職種や等級の数等に即して全部の評価表を作成すると、膨大な数になることが予測され、事業所の規模によってはそれだけで作成、運用が困難という結論になりかねません。ここは、何を事業所として優先するのかということを考えながら進めることをあらかじめ考えて臨むべきです。

■Ⅳ-① キャリアパスの階層を考えて評価表がカバーする領域を決める

　等級要件表の各等級にそれぞれ評価表が一枚ずつ必要なのかということは、当初の段階で考えて評価表を作成します。特にコンピテンシーモデル等で必要な行動特性を評価項目に入れていくときは、すべての階層というより、一般職層、中堅職層、管理職層等で一枚ずつという形でも十分なケースも多いです。

　等級要件をそのまま評価項目に持ってくる際は等級ごとに必要になると考えますし、技術評価に至っては、事業所の考え方で、どのくらいの技術レベルを各階層に入れていくのか、それとも一般職層に求める基礎的技術というくくりで決めていくのか、一旦棚卸してから考えるべきでしょう。

　複線人事で専門職のコースを入れる際には、等級別の技術評価表はとても重要になる可能性が高く、事業所としてどこまでの人材を求めるかということを考えながら作成します。

● 図表3-10 評価表のくくりの例

等級	1等級	2等級	3等級	4等級	5等級	6等級	7等級
任用要件	指導を受けながら日常的な業務を行う	自立して日常業務ができる	小規模の部門でリーダーシップを発揮し、部門をまとめることができる。部門間の調整ができる	一つの部門でリーダーシップを発揮し、部門をまとめることができる。部門間の調整ができる	複数部門の統括ができて全般的な意見を持ち、施設長等をサポートできる。後輩の教育をしている	全施設部門をまとめ、施設運営に関して全般的な意見を持ち、施設長、法人本部等で本部を支えることができる	法人として、施設長等、全体のマネジメントに関わる
職階イメージ	・高卒、専門卒新任 ・中途入職、非正規からの移行（介護福祉士未取得） ・中途入職（経験年数4年未満）	・大卒新任 ・1等級からの昇格（介護福祉士取得済み） ・中途入職（経験年数4年以上、介護福祉士取得済み）	・ユニットリーダークラス ・経験年数5年以上	・介護長クラス ・介護チームの中でも特養だけでなく、他の部門（デイ等）を経験、内容がわかる	・主任、係長クラス ・介護部門だけでなく、他部門（相談、看護、務）等の内容がわかり、調整できる	・課長、事務長クラス ・施設長を支える	・法人本部長、施設長
評価表案1	一般職評価表	一般職評価表	リーダー職評価表	中堅職の評価表	中堅職の評価表	管理職評価表	評価表作成しない
評価表案2	一般職評価表	一般職評価表	リーダー職評価表	中堅職評価表	中堅職評価表	管理職評価表	評価表作成しない

■ Ⅳ-②　職種別の評価表はどこまで作成すればよいか

　介護事業所の職種は多様で、細かく考えると、同じ看護職でも訪問看護に従事する看護師と在宅施設に従事する看護師とでは仕事の内容が異なります。こうした違いを反映するには評価表は何枚作ればいいのか、というご相談が多く寄せられます。

　何枚作成するかは事業所の規模にもよるのですが、多様な仕事や職責を網羅しようとするよりも、何のために評価制度を導入するのかをもう一度考え直し、目的に沿った形で解決していくことを勧めます。以下に、解決のヒントとなる事例を述べます。

> 例1：職種ごとにある評価基準がうまく運用できておらず、何らかの全職種共通の基準で評価制度を導入したい。

➡　まず職員全体のうち多くの割合を占めている介護職のみを作成する
➡　各専門職（看護師、リハビリ職）は、一定の技術レベルが担保できていると考えるならば、技術評価はひとまず導入を見送り、介護職で作成した評価表のうち、コンピテンシーや等級要件など他職種にも共通の評価基準として応用できる部分があれば、その部分のみ専門職の評価基準として横展開する
➡　介護職の評価の運用が軌道に乗ってきた段階で、他職種の問題があれば他職種の評価表に展開する

> 例2：専門職の評価が等級ごとの仕事の内容に応じたものとなっておらず、等級に見合った仕事ができていなくても評価に反映させられていないので、評価によって成長を促せるような制度に見直したい

➡ 専門職の技術の棚卸はとても難しいので、各等級で求められている専門職の仕事の内容のみを整理して等級要件表に反映し、評価項目に入れる
➡ 評価表においてどの仕事を重視するかによって評価のウェイトを上げ下げすることで職員に成長するための方向性を提示する

Ⅴ 評価結果を何に連動させるのかを決める

■ Ⅴ-① 評価結果は処遇に連動させるのが一般的

　評価制度を導入するにあたって、評価結果を何に連動さるのかはとても重要な部分です。評価表にある項目を形式的に評価したらそれでおしまい、という運用のしかたでは評価制度そのものが形骸化していくリスクがあります。

　職員の成長が導入目的であっても、成長するために頑張った職員とそうでない職員とでは、処遇の面である程度差がついていくのは評価結果の一つであり、図表3－11のように整理することができます。

● 図表3－11　評価結果と処遇の連動

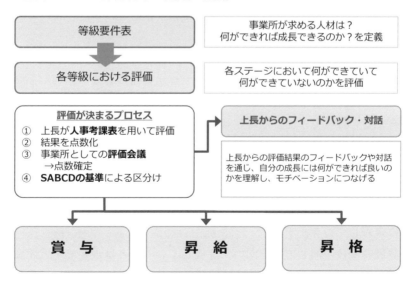

評価結果から得られた点数を各職員の賞与支給額や昇給・昇格等に使っていくことが一般的ですが、具体的なやり方は第4章で述べます。また、降級・降格せざるを得ない場合について人事制度上どのように手当すればよいかについても、第4章で述べます。

■V-②　処遇に連動させるのが難しい場合は教育、研修の一環として導入する

　新加算の区分Ⅲを算定するためには、昇給昇格要件の決定が必要です。このため、評価制度を導入する介護事業所は以前に比べて多くなりましたが、評価で人を格付けしさらに処遇まで連動させることに嫌悪感を持たれている方も多いです。

　この理由は、もともと、介護や福祉という仕事のベースとなる精神的な部分に人に対する奉仕や貢献の気持ちがあり、それは到底評価というものに馴染まないというところからきていると考えられ、ある程度は致し方ないのかもしれません。

　したがって、評価制度を導入する際には、職員として働き続ける上で成長してもらうために行うものであるという目的を繰り返し職員に伝えて、理解を得る必要があると考えます。

　それでも評価制度をいきなり処遇に結び付けるのは職員にとってハードルが高いという場合は、まずフィードバック面接までをきちんとできるように教育し、事業所内をもっと良くするための研修の材料にするところまでを行ってみて、定着させることを目指します。その後、徐々に処遇にも結び付ける形へと展開していくという方法も考慮します。

　このように浸透させる過程を経ることで、今まで嫌悪していた評価制度が、きちんとやってみると自分のできない部分、努力しなければいけない部分がわかり、案外公正なものでやりがいを持てるということで職員に定着していきます。

　評価者全員が同じ方向を向いて評価していくことは重要です。評価者に対して研修を繰り返し実施し、目線を合わせていくことを行います。

評価体制・スケジュールを決める

■ Ⅵ－① 評価体制を決める

Ⅵ－①－1 被評価者と評価者のバランスを考えて評価体制をつくる

　本章の冒頭でお伝えしたとおり、介護事業所では「評価」そのものがマイナスなイメージで捉えられている場合も多く、導入にあたっては、職員に目的も含め正しく伝えていく必要があります。特に評価者については、公正に評価を行ってもらうための研修も必要となるため、あらかじめ評価体制を整えておく必要があります。

　一般的には、その部門の管理者、または直属の上司が評価者となりますが、現実的に一人の評価者がその部門の被評価者を何人見れるのかという部分については、事業所の組織を含めてよく考えないと、評価体制が形骸化してしまうこともあります。

　直属の上司が評価をする場合、被評価者となる部下の数は5～6名までが本来は望ましく、最大でも10名くらいまでが限界です。

　介護事業所には、介護職の職員は人数が多く専門職の職員は少ないという人員配置上の特性があります。部署によっては介護職の数も少ないこともあります。そのため、どのように評価体制を組んでいくのかは、問題になりがちです。

　しかし、あくまで評価の目的は職員の成長や事業所からのメッセージを伝えることにある、と考えるとあまり多い数の部下を一人の評価者で見るのは弊害が多く、一評価者当たりの部下の数が多い場合は、その部署のサブリーダー等も交えて良い方向の評価ができるように工夫するこ

とが必要です。一方で、一評価者当たりの部下の職員数が少ない場合は、他部署と評価の基準や目線がかけ離れたものにならないよう、より丁寧な評価者の訓練または研修が必要です。

このように工夫しながら、公平でより職員の成長に資する評価体制を考えていきます。

Ⅵ－①－2　評価者研修を実施する

　評価者の研修では、評価の意義や目的を浸透させて、評価者の意識を高めることと同時に、実際の評価にあたって、各評価項目に対する評価基準をよく理解し、評価者の目線を合わせていくことがポイントとなります。

　評価表は、どのようなものを作成しても、「言葉」の世界になります。そのため、何もしなければ評価する側がそれぞれどのように言葉を解釈するかに大きなばらつきを生じかねません。評価結果が昇給や賞与に直接反映される場合、評価者の理解がばらばらで目線が合っていないことが原因となって公正な結果にならないとすれば、評価をすること自体に警戒感が生じ、結果として形骸化していくこともあるでしょう。

　このような事態を防止するために、評価者に各評価項目の仮評価を行ってもらうといった評価者研修を必ず実施して、なぜこの項目に対して2を付けたのか、3に上がるにはどのようなことが必要なのかという具体的なことをディスカッションして、評価基準に対する目線を合わせていくことが重要です。しかも、評価者や評価項目は変わり得るものですから、毎年実施することが望ましいです。

　加えて、評価者ごとの評価点の一覧を作成して、各自がどの程度評価に対して甘い辛いがあるかどうかを確認しておきましょう。

　これは、最終評価は評価決定会議等で決める介護事業所が多いですが、実際の評価決定会議等で出てきた評価項目の解釈に対する意見を参考に、次年度の評価者研修につなげていくためです。

Ⅵ-② 評価スケジュールを決める

Ⅵ-②-1 評価制度の流れを確認する

　評価制度は、一年度内で評価期間を設定し、終了後に評価を行い、結果をフィードバックしたり処遇に反映させたりすることをサイクルとして回すのが一般的な流れです。図表3-12のような目標管理制度による評価を行う場合は、次のような流れとなります。

● 図表3-12　評価結果と処遇の連動

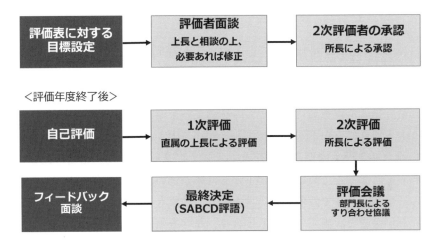

Ⅵ-②-1-(1)　自己評価と上司評価

　評価年度が終了したら、評価表を被評価者に配付して自己評価を行ってもらい、その後、直属の上司の評価に進むのが一般的です。
　自己評価については、各自の属する等級における評価の項目および要素を被評価者にわかってもらうため、またそれを基準に従ってどのくらいできているかを各自に認識してもらうために行います。対して、上司

評価は、その評価期間における被評価者の行動や努力等の事実をみて、基準に沿って評価していきます。

　自己評価の点数と上司評価の点数は同じシート上に記載されることが多く、この際上司が部下の点数に引っ張られてしまうというケースも多く見受けられますが、上司はあくまで事実に基づく評価を行うべきであり、部下が自分でつけている点数が上司評価の基準ではありません。

　自己評価と上司評価に乖離が大きい場合は、その項目に対して、被評価者の認識に事業所基準との乖離が生じていることを意味します。被評価者の基準が甘い場合もあれば逆の場合もあり、特に、自分に自信がなく比較的辛めにつけてしまう部下には、上司はフィードバック面接等で、自信を持って仕事をするように伝えていく必要があります。

Ⅵ-②-1-(2)　評価会議

　先述のように、評価はどこまで行っても言葉の世界を免れず、評価者研修によって基準を明白にしてもなお、評価者の主観が多少は入る可能性が残ります。全員の評価が集まった段階で評価会議を行い、等級ごとに被評価者を点数順に並べて、全体の調整をする会議を行います。

　大きく評価点が下がった被評価者がいるような場合、その職員が努力しなかったから今期評価が下がったのか、上司が替わり評価目線も変わってしまったために評価が下がったのかというような点も論議しながら、事業所全体で評価の妥当性を誇り、調整もここでかけます。

　評価会議で評価点を変える場合は、なぜそのような結果になったのかを明確に評価者に伝える必要があるため、慎重に原因を深耕した上、バランスをとっていきます。

　評価会議の結果をもって評価の決定を行い、最終決裁者（理事長、社長等）の承認を取ります。

Ⅵ-②-1-(3)　フィードバック面談

　評価の決定を行った後は、評価者に評価結果を戻し、フィードバック面談を行います。このフィードバック面談は、評価結果を伝えるだけで

なく以下の意味を持つとても重要な面談となります。
・各等級における等級要件表に基づき、自分自身の優れている点、課題である点を確認する機会となる
・自分自身の成長のために具体的にどのように行動していけばよいかを相談する機会となる
・日々の業務で困っていること、気が付いたことなどを上長と話し合う機会となる

　フィードバック面談で被評価者に伝える内容が、その職員のとても大きな成長機会になるので、改善点も含めきちんと伝えるとともにその期で改善されたことが具体的にあれば大いにほめて、良好なコミュニケーションをとっていくことが重要となります。

Ⅵ－②－2　介護事業所における評価スケジュールの考え方

　そのため、導入する際は、年に何回の評価を行うか、いつからいつまでを評価期間としてその結果をどのように反映していくのかというスケジュールの問題も、議論しておくべきポイントです。

　考え方はそれぞれで、会社としての変容が早いベンチャー企業等ではできる限り短期間で年に何回か評価を繰り返し、評価を定着させることを考える場合も多くあります。

　介護事業所では、あまり短期間での回転等を追求すると職員が疲弊し、評価に嫌悪感を抱くようになって形骸化してしまうケースも見受けられます。もし事業所風土変革等のために短期間での評価を行うのであれば、評価表は的を絞り単純化したものを使うような工夫が必要です。

Ⅵ-②-3　評価期間を決める

● 図表3－13　評価スケジュールのイメージ

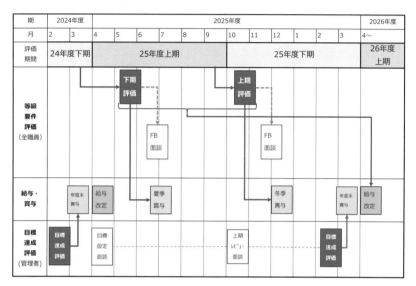

図表3－13の例では、目標管理制度と等級要件表による評価制度を導入しています。目標管理制度は4月（期初）に目標を設定して、翌年3月までの通期で達成したかどうかを年1回評価するスケジュールとなっています。等級要件表による評価は2期で行い、4月から9月までを上期評価期間、10月から翌年3月までが下期評価期間となっています。

Ⅵ-②-4　処遇に反映するタイミングを決定する

次に、評価結果をどのタイミングで処遇に反映していくかを決定します。図表3－13の介護事業所では、評価結果を給与改定および昇降格、賞与と一時金に反映させており、それぞれ次のようになっています。

> - **給与改定および昇降格**
>   ➡ 前年度下期評価と今年度上期評価の平均をもって翌年4月に改定
> - **賞与**
>   ➡ 前年度下期評価を今年度の夏季賞与に、今年度上期評価を今年度の冬季賞与に反映
> - **目標管理制度**
>   ➡ 今年度3月期末の一時金に反映

　昇給や昇格の時期と賞与の時期が異なるので、何の評価をどこに反映させるのかということは、各事業所の職員の事務的な負担や、時間の捻出等も含めスケジュールを組んでいく必要があります。

Ⅵ－②－5　評価表の配付時期や面談の実施時期を決める

　上記を踏まえて、いつ評価表を配るのか、いつフィードバック面談をやるのかといった具体的なスケジュールが決まります。

　本来は、評価の回数も年度内になるべく多く行ったほうが評価制度が職員に浸透しやすいのですが、評価の回数が多いとどのくらい職員に負担がかかるのか、事業所の実態により考慮する必要があります。

Ⅶ 評価制度の構築フロー

　ここまで、評価表の形式や項目の選定のしかた、その他評価制度を導入する際の注意事項を述べました。
　ここからは、評価結果を処遇につなげていくための準備、評価表の妥当性等の確認等について実務的な面から述べます。この過程で評価表の妥当性をあげ、また評価を数値化していく仕組みを整えます。

● 図表3－14　評価制度構築の手順

1．評価表を作成する順番を決めて、評価項目を考える	・プロジェクトチームを作って、まず評価表の基本項目（どの部分を評価していくか）を抽出 ・評価表作成の順番は最もノーマルなものから 　→　介護職の一般職から作成するのが基本
2．項目ごとにどのような点数評価をするか、ウェイトの軽重を考える	・一通り評価項目が出そろったら、それをどのようなポイントで評価するかを決める 　（1、2、3、4点方式）（1、3、5点方式） 　（SABCD方式）など ・特に強調したい項目にはウェイトを重めにかけて、評価点が上がるようにする
3．一通り作成したら仮評価を行い、妥当性を確認する	・評価対象者の順番等が評価者の頭の中の順位と実際に概ね一致するかどうかを、仮評価で確認する 　→大きくずれてしまっている場合は、 　　評価項目が悪いのか、ウェイトがNGなのか 　　要因を考えて再度作成する

Ⅶ-① 評価表の形式を確定する

Ⅲの方法で評価表の項目出しをし、どの項目（コンピテンシー、等級要件、技術、目標など）を組み合わせて評価表を構成するのかをまず決定します。例えば、事業所が職員に求める行動ができているかをコンピテンシーによって評価し、あわせて成長を促すために期初に取るべき行動に関する目標を設定してそれを実行できたかどうかを目標管理制度によって見る、といった評価制度にする場合、2つをどのように組み合わせるかを検討し、評価表の構成を検討することとなります。

Ⅶ-② 項目ごとに点数の基準を決める

次に、各項目についてどのように評価するのかを決めます。評価者は、被評価者のことをフラットに見て評価をしなければならないのですが、往々にして評価期間中の印象に残っている出来事に影響されたりするなど、エラーも起こりがちです。一般的に評価の際に起こりやすいエラーを図表3－15にまとめました。

● 図表3－15 介護事業所職員の評価における起こりやすいエラー

エラー名	内容	具体例	対策
ハロー効果	評価者が特定の良い特徴に引っ張られ、それ以外の要素も高く評価してしまうエラー	「利用者に明るく接している」という印象だけで、すべての業務遂行能力を高評価してしまう	各評価項目を個別に検討し、特定の印象に影響されないようにする
ホーン効果	特定の悪い特徴が他の評価項目にも悪影響を与えるエラー	「報告が遅い」という理由で、ケアスキルや利用者対応まで低く評価する	各評価項目を独立して評価し、感情や偏見を排除する

中央化傾向	評価が平均的なスコアに偏るため、優秀な点や改善すべき点が正確に反映されない	すべての職員を「普通」と評価し、特に優れた行動や課題点を見逃してしまう	評価基準を明確化し、評価者に具体例や裏付けを求める
寛大化傾向	評価が全体的に高くなるエラーで、職員の真のパフォーマンスが見えにくくなる	全員に「非常に良い」という評価を与え、違いがわからない	評価の目的を明確にし、実績や具体例を基に評価を行う
厳格化傾向	評価が全体的に低くなるエラーで、職員のモチベーションに悪影響を与える可能性がある	完璧を求めすぎて、どの職員にも「改善が必要」と評価してしまう	適切な基準を設定し、過剰な要求や主観的な期待を避ける
論理的誤り	関連性のない評価項目同士を関連付けて評価してしまうエラー	「チームワークが良い」職員を「個別ケアも優れている」と評価する	各評価項目が独立していることを評価者に徹底し、評価時に根拠を確認する
最近性効果	最近の出来事や行動に影響され、全体の評価が偏ってしまうエラー	直近で利用者の転倒を防いだ職員を「常に優れた判断力がある」と高評価する	評価期間全体を振り返り、記録やメモを参照して評価を行う
初頭効果	評価期間の初期の出来事に引っ張られ、その後の変化が反映されないエラー	初期にミスがあった職員を、その後の改善にもかかわらず「不十分」と評価する	定期的に評価基準を見直し、最新の状況を反映する
対比効果	他の職員との比較によって評価が変わるエラー	非常に優秀な職員の後に評価された職員が「普通」と感じられ、低評価される	個々の基準に基づいて評価を行い、他者との比較を避ける
先入観や偏見	評価者の個人的な好みや偏見が影響し、公平性を欠くエラー	好き嫌いや年齢、性別などに基づいた評価を行ってしまう	評価者の訓練を実施し、公平性を確保する仕組みを整える

※ Chat-GPT にて作成

職員評価をどのように行うか考える際は、こうしたエラーが発生しないためにはどのような評価方法とするのがよいかも検討します。
　例えば、最も起こりやすい中心化傾向を避けるために、評価の段階に中央値を作らず、4段階（その倍数等）で評価する方法があります。3段階評価（優れている、普通、標準より劣る）や5段階評価だと、評価者が「普通」とつけておけば無難と中央に寄ってしまい、結果的に評価点数を並べるとほとんどの職員が中心に集まってしまう、ということになりかねません。4段階評価は、この分布を改善する一つの方法です。
　1点（標準よりできていない）から4点（標準よりとても優れている）までの4段階で評価するとした場合、中央値は2.5点で整数にならないので中央値をつけることはできず、標準より少しできているレベルが3点、また少しできていないレベルが2点となり、真ん中に寄らずどちらかに分布します（図表3－16）。これをもう少し点数的に広げると、1点、3点、7点、9点や、2点、5点、7点、10点等の4段階となります。
　また、他のエラーも含めて避けるためには、どのように点数をつけるかという基準を各項目について決めておく必要があります。4段階評価であれば、4段階すべての基準を組むのが難しい場合、最低限2.5点の基準は何なのかを決めておく必要があります。
　評価は言葉で書いてあるので、評価者によってその解釈がぶれるとエラーが起こってしまいます。各評価項目に対して点数の基準を決めておかなければ、同じ人を評価していても評価者によって点数が大きく異なることになりかねません。
　この基準合わせ、目線合わせに関しては評価者研修が必須であり、評価者が毎年昇格や人事異動で変わるようであれば、毎年その部門や事業所で行うべき重要なものです。

● 図表3-16　評価の基準例

1等級評価基準

		1点（努力を要する）
職員としての姿勢	業務に適した身だしなみで、だれに対しても気持ちの良いあいさつができる	身だしなみ不適切。不快感を引き起こす挨拶や言動が見受けられる
	規則や指示にしたがい、新しい仕事に対しても積極的な姿勢取り組んでいる	上司の命令や業務上の規則を守らず、同じことを注意されることが複数回あった
	組織での立場をよく理解して業務を進めている	組織に属しているという意識が薄く、自分の立ち位置もわきまえていない
	常に清掃、整理整頓、清潔を心がけている	清掃や整理整頓に無頓着。汚れに対して鈍感であった
コミュニケーション協調性	常に気配りをもって周りへの声掛けができている	目配りや気配りができず、注意されることがあった
	常に良好な環境づくりを心掛けている	職場に対しての批判が多い等、職場環境を悪化させるような言動があった
	相手の気持ちに寄り添った行動ができている	相手の感情に無頓着。自分のことしか考えていない言動が目立った
	他の職員が忙しそうであれば、声を掛ける等、業務が円滑に遂行できるような配慮ができる	自己中心的。周りを気にかける意識はほとんどなく、自身の仕事を優先にする行動が目立った
創意工夫改善提案	業務改善にむけて積極的に取り組んでいる	改善への努力不足
	仕事の進め方について常に工夫し、時間や経費を有効に活用している	配慮不足。進捗が非効率的で、時間や経費の活用が不十分である
	幅広く知識や技術の習得、資格の取得等、自己啓発に励んでいる	知識や技術について、習得すべきことが多くある
	法人の方針や取り組みを前向きにを受け入れ、積極的に協力している	施設や法人で決定された取り組みや企画等への協力がなく、否定的

2点（多少の課題が残る）	3点（ほぼ期待どおり）	4点（期待を上回る）	自己評価	上司評価
身だしなみに改善の余地あり。身だしなみや言動について、他者から注意されることがあった	基本的な身だしなみを保ち、一般的なあいさつや言動ができる	業務にふさわしい身だしなみを維持。誰に対しても気持ちの良い挨拶や言動ができている		
規則や指示を守らないことが時々あり、仕事への取組みや姿勢が消極的であった	規則や指示に従い、新しい仕事に取り組もうとする姿勢を示し、前向きに日常の業務に精励していた	規則や指示を守り、新しい仕事に対しても積極的な姿勢で、与えられた仕事は自分の責任であると自覚していた		
自己の立場の理解はあるが、組織の一員であることを意識していない行動が散見される	組織の中の自己の立場を理解し、仕事の処理にあたることができた	組織内の立場を的確に理解し、業務を効率よく処理し、組織内での連携や協力ができた		
時々、清掃や整理整頓を忘れてしまうことがあった	基本的な清掃と整理整頓を心がけていた	常に清潔で整頓された環境を保ち、効率的かつ快適な作業環境を提供。他の職員への声掛けも行うことができた		
目配りや気配りの意識は見られたが、積極的な行動には至らなかった	基本的な目配りや気配りがあり、一般的な声掛けができる	常に目を配り、周囲のニーズに気づく。積極的に声をかけ、協力的な態度を示す		
職場環境への努力が不足。時々、自己中心的な言動があり、周囲が困る場面があった	良好な職場環境づくりに努力し、協力的な言動ができていた	職場の良好な環境づくりに積極的に努め、情報収集や提案等ができていた		
相手の気持ちに対する理解不足。対話が不十分	基本的な寄添いが見られるが、感情に対する理解が平均的	相手の感情を察知し、寄り添った行動ができる。コミュニケーションが良好		
周りを見て仕事をするよう意識しているが、自ら進んで行動するには至っていない	基本的な配慮があり、周囲を見ながら業務	常に周りを気にかけ、協力的な姿勢。適切なタイミングで声掛けをし、他職員とともに行動ができていた		
決まった業務を行うことはできるが、改善について考える姿勢は見られなかった	業務改善に基本的な努力があり、結果を整理	積極的に業務改善に努め、結果を整理して次の段階に備える		
一部配慮があるが、進め方に改善の余地がある。時間や経費の有効活用に、課題が見られる	基本的な配慮があり、進行は平均的。効果的な時間や経費の活用にはあと一歩	相手に適切な配慮があり、合理的に業務を進行している。時間や経費を有効に活用し、効率的に仕事を進めていた		
知識や技術の一部習得はある	知識や技術は基本的に習得	幅広い知識と技術を習得		
施設や法人で決定された取組みや企画等への理解が不十分	施設や法人で決定された取組みや企画等に、基本的に協力	施設や法人で決定された取組みや企画等に、積極的に協力		
		合計	0	0
		100点満点換算	0	0

これにより、評価項目ごとに評価点数がつくことになります。1～4点の4段階評価とする場合、評価の合計点数は、評価項目の数がN個とすると最低点が1×N点、最高点が4×N点となります。このままでもよいのですが、最低最高点を見やすくし、他の階層の評価表と比較するためには、演算式を最後にいれて最低点が0点から最高点が100点までにする方法もあり、できれば個別の点数を出したいところです。

　また、評価項目の中で特に事業所が強調したい項目があれば、その項目の点数にウェイトをかけることも可能です。ウェイトをかけた上、合計点数を計算して、最後に最低0点から最高100点にすることも可能です。

　最終的に出来上がった評価表の例を図表3－17に示しました。

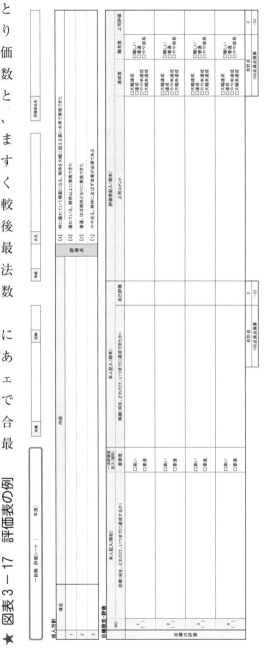

★ 図表3－17　評価表の例

148　第3章　介護職員等処遇改善加算を算定するための評価制度を策定する

役割に基づく評価

No.	評価項目	期待レベル	A (4点)	B (3点)	C (2点)	D (1点)	達成度	評価点 本人	評価点 評価者
1	社会人として	・社会人としての言動において他の模範となっているか	社会人としての言動において他の職員の模範となるよう優れた行動を取っており、周囲への影響力を持っている	社会人としての言動において他の職員の模範となっており、周囲への影響力を持っている	社会人としての言動において改善の余地はあるものの行動をとっている	社会人としての言動において一部において改善の余地がある			
2	計画の立案・実行	・部署の年間計画、月間計画の内容をよく理解しているか	部署の年間計画、月間計画の立案、作成、活動計画の施策に独力で協力を注ぎ、一歩進めた活動もしている	部署の年間計画、月間計画の立案、作成、活動計画の施策に独力で協力している	部署の年間計画、月間計画の立案、作成、活動計画の施策に協力できていないことがある	部署の年間計画、月間計画の立案、作成、活動計画の施策に協力できていないことがある			
3	業務遂行・改善	・自分の仕事にとらわれることなく、周囲の職務の動向にも目配りができているか	自分の仕事にとらわれることなく、周囲の職務の動向にも目配りし、効果的にサポートしている。	自分の仕事にとらわれることなく、周囲の職務の動向にも目配りし、効果的にサポートしている	自分の仕事にとらわれることなく、周囲の職務の動向にも目配りしている、あと一歩の努力が必要	自分の仕事にとらわれており、周囲の動向に目配りやサポートすることができていない、あと一歩の努力が必要			
4	サービスの質の向上	・幅広い知識と技術だけでなく、専門知識・技術を身に付けているか	幅広い知識と技術を身に付けており、専門知識・技術に加え、多岐にわたる領域に深い理解を有する	幅広い知識と技術を身に付けており、専門知識・技術について多岐にわたる領域に深い理解を有する	幅広い知識を身に付けているものの、他の分野の知識については、あと一歩の努力を要する	幅広い知識を身に付けているものの、他の分野の知識については足りないところが多く、多岐にわたる領域に深い理解が不足している			
5	ご家族・外部との連絡調整・対応	・家族、外部との連絡の調整、対応のサポートや円滑なコミュニケーションの内容を把握しているか	ご家族や外部との連絡、調整、対応のサポートや円滑なコミュニケーションの内容を把握し、必要な対応をしている	ご家族や外部との連絡、調整、対応のサポートや円滑なコミュニケーションの内容を把握している	ご家族や外部との連絡、調整、対応のサポートや円滑なコミュニケーションの内容について、必要な対応をしていないことがある	ご家族や外部との連絡、調整、対応のサポートや円滑なコミュニケーションの内容について改善の余地がある			
6	リスクマネジメント	・日常業務におけるリスクに対する感度や提案力があるか	日常業務におけるリスクに対する感度や提案力が豊かで、リスク管理の仕組みや運用上の改善について提案を行っている	日常業務におけるリスクに対する感度や提案力があり、リスク管理の仕組みや運用に関する提案を行っている	日常業務におけるリスクに対する感度や提案力が不十分で、リスク管理について一部改善の余地がある	日常業務におけるリスクに対する感度や提案力が低く、リスク管理に関する改善意識が不足している			
7	コンプライアンス遵守	・就業規則や法令に基づく職務遂行を行い、ハラスメントせず、自分の判断に偏らず、上司に報告する	就業規則や法令に基づく職務遂行を行うための指導が徹底しており、リスクや不正があった場合には迅速に上司に相談し、報告している	就業規則や法令に基づく職務遂行を行っており、リスクや不正があった場合には上司に相談し、報告している	就業規則や法令に基づく職務遂行を行うスタンスがあるが一部において見直しが必要	就業規則や法令に基づく職務遂行が十分に行われておらず、改善の余地がある			
8	人材育成	・自己の経験や知識とともに、後輩に対して技術面やコミュニケーションの支援を行えているか	自己の経験や知識に基づいて、後輩に対して効果的な技術面やコミュニケーション面での支援が行われている	自己の経験や知識に基づいて、後輩に対して技術面やコミュニケーション面での支援が行われている	自己の経験や知識に基づいて、後輩に対して技術面やコミュニケーション面での支援が十分に行われていないことがある	自己の経験や知識に基づいて、後輩に対して技術面やコミュニケーション面での支援が行われていない			
						合計点	100点満点換算	0 -33	0 -33

知識・能力に基づく評価

No	評価項目	期待レベル	A (4点)	B (3点)	C (2点)	D (1点)	達成度	評価点 本人	評価点 評価者
1	知識・技能	・自分の持っている知識を応用して、仕事を行うことができるか	自分の持っている知識を応用して仕事を行い、仕事の効率化に著しく寄与している	自分の持っている知識を応用して、仕事を円滑に進めることができる	自分の持っている知識を応用して、仕事を行うことができるが一貫性がない	一部の持っている知識を応用して、仕事を円滑に進めることができるが、一貫性が欠けている			
2	理解力	・自分の担当している仕事の内容をよく理解しているか	自分の担当している仕事の内容を深く理解し、全体像を把握しており、さらに踏み込んで業務改善を進めている	自分の担当している仕事の内容を理解し、一定の見通しをもって業務を遂行している	自分の担当している仕事の内容を理解することができるが、業務の改善に寄与することが少ない	自分の担当している仕事の内容を一部理解しているが、不明瞭な点があると業務に支障が出ることが多い			
3	創意工夫	・仕事の手順、方法についての改善案を提案し、実行することができるか	仕事の手順や方法の改善案を積極的に提案し、組織全体の業務プロセスの改善に寄与している	仕事の手順や方法の改善案を提案することができ、業務の改善に寄与している	仕事の手順や方法の改善案を提案することはあるが、実行に移すことが少ない	仕事の手順や方法の改善案を一部提案しているが、ここに移さない傾向が見られる			
4	表現力	・一度与えられた仕事の結果や中間の経過における出来事を正しく報告することができるか	成し遂げた仕事の結果や経過について一般の人にもわかりやすく伝えることができ、業務を通じて改善点を発見することができる	成し遂げた仕事の結果や経過について正確に伝えることができ、業務を通じて改善点を発見することができる	成し遂げた仕事の結果や経過について一般に説明することはできるが、改善点を見いだすことが少ない	成し遂げた仕事の結果を正確な表現で伝えることができず、全体的な表現力を持っておらず、情報の正確な伝達に不足が見られる			
5	実行力	・業務に必要な資格を習得し、評価や第一線の仕事に集中的に取り組み、業務の効率化または質の向上に務めているか	業務に必要な資格や技能を習得し、持てる経験や資格を使って仕事に集中して取り組み、業務の効率化と質の向上のために自らの知識や技能を活用していることが多い	業務に必要な資格や技能を習得し、持てる資格を使って仕事に集中して取り組み、業務の効率化に貢献している	業務に必要な資格を習得し、持てる資格を使って自分の仕事に集中して取り組み、業務の効率的な遂行に貢献していることが多い	一部の資格や技能を習得しており、業務での応用が限定的であり、業務効率化への貢献に不足が見られる			
						合計点	100点満点換算	0 -33	0 -33

Ⅶ 評価制度の構築フロー　*149*

Ⅶ-③　仮評価を行い、評価表の妥当性を見る

評価表が出来上がったら、その妥当性を見るために、必ず仮評価を行います。図表3－18に仮評価の概念図を示しました。

● 図表3－18　仮評価の概念図

① 被評価者を選定し、（同一職種、同一等級が望ましい）
仮評価の結果を見る前にこれまでの結果を踏まえおおよその順番で並べてみる

② ①の被評価者を出来上がった評価表で仮評価してみる
→そもそも評価しにくい表現等がないかを作成した評価表でチェックする

仮評価で得られた点数の順番に並べて、①の結果と比べる

①と②の結果に乖離がある場合
→　**何かしらの原因があるので、一致しない要因を探して入れ替える**
・評価項目は適切か（言葉の表現も含む）？
・ウェイトのかけ方は実際とくらべてどうか？

仮評価は評価表の妥当性を見るものなので、実際の職員から被評価者を何人か選んで、（ある部署の職員全員でもよい）出来上がった評価表で実際の評価を行います。まず評価をしにくい用語等がないかを必ずチェックして、わかりにくい表現等があれば、修正します。

その後、仮評価結果を集計してみます。この際、評価者の頭の中で別途被評価者にある程度順番をつけておき、仮評価で出てきた数値の順番と大きく異ならないかという部分を見てみます。

仮評価の数値と評価者の頭の中での順位が大きく異なる場合は、何かしら一致しない要因があるはずです。そもそもの評価項目が適切でないのか、評価表の言葉がわかりにくく解釈がぶれるのか、ウェイトが間

★ 図表3-19 実際の評価表と評価の数値化の例

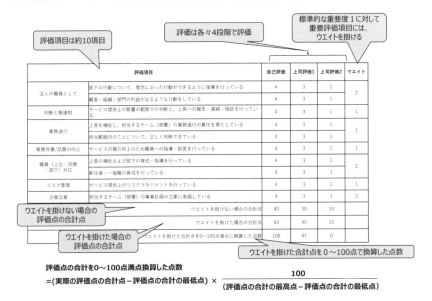

違っているのか、何らかの要因があるはずなので、修正をかけます。この過程を経ることで評価表の精度が高くなり、また評価結果を数値化することで評価の仕組みが出来上がります。

第4章
評価結果を処遇に反映する

Ⅰ　はじめに

　第3章で、評価制度を策定し、評価結果を数値化する仕組みまでを解説しました。本章では、評価結果をどのように人事制度全体に応用していくかということについて述べていきます。評価をどのように応用していくかについての相対図は、下図のとおりです（図表3－11の再掲）。

　ここからは、評価を数値化した評点から昇給降給、昇格降格、賞与等の処遇に結び付ける方法について解説します。

● 図表3－11　評価結果と処遇の連動（再掲）

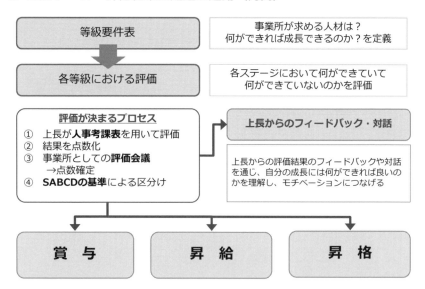

Ⅱ 評価点を評語化する

　数値化した評価結果は、このまま点数として使うやり方もある一方、評語化して応用する方法もあります。本章での「評語」の意味は、点数からＳ、Ａ、Ｂ、Ｃ、Ｄのようにランクに分類し評定をつけることを言います。

　この際、点数をそのまま用いて評語化する方法（絶対方式／卒業方式）と、全体のバランスをみて評価点の分布割合により評語化する方法（相対方式）があります（**図表４－１**）。なお、**図表４－１**の絶対方式では評価点の数値化において、最低点が０点〜最高点100点という形で換算を行っています。

● 図表４－１　点数を評語化する例

絶対方式/卒業方式

基準	評価	点数
期待水準を上回っている	S	90点以上
ほぼ期待水準	A	70点以上90点未満
一部を除き期待水準	B	50点以上70点未満
期待水準に達していない	C	30点以上50点未満
業務に支障がある	D	30点未満

相対方式

基準	評価	割合
期待水準を上回っている	S	上位５％未満
ほぼ期待水準	A	上位20％未満
一部を除き期待水準	B	中間60％前後
期待水準に達していない	C	下位20％未満
業務に支障がある	D	下位5％未満

評価した結果、被評価者の点数に適度なばらつきがあり、分布として適正であれば、絶対方式のみで評語化したほうが公正です。一方で、現実的には評価者ごとに評点のつけ方に差があり、点数のみだとかえって不公平が生じる場合や、評価結果を昇給等に反映する際に評価のばらつきがほとんどなく予算が読みにくくなってしまう場合等、相対方式での評語化を考えざるを得ないケースも多いところです。評価会議等により調整をせざるを得ない場合もあるでしょう。

　評価結果を評語化したときに問題がある場合の解決方法としては、評価結果を何に応用していくのか、また実際の評価者の成熟度等を考えながら、各事業所で、当初は、評価結果から決めます。評価会議に裁量をある程度持たせつつ、評価結果の評語化のやり方については、各事業所で決めます。

III 評価結果を昇給、降給に反映する

昇給の要件を決めることは、新加算の区分IIIを算定するために必要です。今まで述べたように、経験年数や資格要件のみで昇給を決定するケースもありますが、評価を用いるほうが個別の頑張りを反映しやすく、職員の成長に資するので、評価結果を上手に反映していきたいところです。

III-① 予算に合わせて昇給幅を変動できるようにしておく

評価結果を毎年の昇給に反映させる方法には、図表4-2の例に示すように、評語を号俸に反映させる方法があります。また、賃金制度の中で基本給の号俸がなく、各等級のレンジの幅だけ決まっている場合については、評語により基本給の0.5%～3%の昇給を行う等の決定方法があります。

● 図表4-2　評価と昇給の仕組み例

評価ランク	昇降給幅
S	基本給の4号俸以上
A	基本給の3号俸
B	基本給の2号俸
C	基本給1号俸または昇給しない
D	昇給しないまたは3号俸までの降給

図表4－2の例は、標準（評語B）昇給が2号俸の設定ですが、介護事業所の場合、標準昇給が3号俸等、給与規程等に決定ベースで書かれている例も多く見受けられます。昇給原資が確保できる場合はよいのですが、人件費率が上がってくる中、処遇改善加算で原資が確保できない年が想定される場合は、昇給を標準3号俸や2号俸等と確定せずに、予算に合わせて昇給幅を変動できるように変更しておくのも一つのやり方です。

　給与規程や人事考課規程における昇給に関する規定を、「毎年の昇給については評価の評語により、原則として、表に示した号俸の昇給を行う。ただし、実際の昇給幅は、事業所が前年度業績を勘案し、（表の昇給幅の範囲内で）毎年決定する。」と決めておくのです。

　このように規定しておくことで、人件費による赤字を防ぐことも可能です。上記のように予算に合わせて昇給幅を変動できる場合は、昇給原資が確保できない場合に、Sは3号俸、Aは2号俸、Bは1号俸の昇給で、C、Dは昇給しないか降給、という形に抑えることも可能になります。そして処遇改善等での原資が確保されたり、事業所決算が良かったりした場合には、特に上位の昇給幅をもう少し上げたりすることも可能と考えます。

■Ⅲ－②　各等級の号俸には上限を設ける

　人件費率を増大させないため、また処遇の公正さを保つためにも、各等級の号俸の上限に達した場合は、それ以上の昇給はしないことが重要となります。

　給与制度を改定した場合等、上限より多い給与を出すこととなった場合は、勝手に号俸を伸ばすのではなく、上限を超える部分は「調整給」とします。また調整給を付けて同じ等級に在籍する間は、昇給は行わないとするのが公正な処遇につながります。

■Ⅲ-③　降給に反映する場合の留意点

　降給に関しては、介護事業所においてはとても抵抗感のある場合が多いのですが、制度上は可能にしておいたほうがよいと考えます。

　例えば、育児や介護等のいろいろな事情によりその等級の役割を一時的に果たせないケースや、そもそもの入職時の格付けが正しくなかったケース等、降給ができるようにしておいたほうがかえって公正な処遇につながる例は散見されます。

　なお、制度上降給があり得る制度であっても、各等級の下限の給与よりは下げられないので、注意が必要です。

　評価により降給が可能という仕組みにする場合は、そのことを職員には周知しておくことも重要です。

Ⅳ 評価を賞与へ反映させる

■Ⅳ-① 原資は予算（介護事業所の今年度決算）の予測値から割り出せるようにし、処遇改善加算を含めた配分を考える

　賞与は、生活保障的な要素や賃金の後払い的な要素もありますが、職員の頑張りや貢献度を反映させて支給することができます。また、当年度業績等を反映させることにより、職員に事業所の業績や職員個人の頑張り等を明らかにすることもできます。

　介護事業所には、第6章Ⅳの社会福祉法人Cのようにそもそもの賃金制度が地方公務員準拠だったところも多く、画一的に基本給の○カ月と決めてしまっていて人件費率が高止まりし、悩んでいるところが多くあります。

　今後の介護事業所のトータルの人件費（給与＋賞与＋法定福利費＋退職金の積立て額）を考えた場合、原資の問題（介護報酬の今後の方針、処遇改善加算の在り方）を見越すと、給与は昇給で上がっていきます。そのため賞与は、原資も含めてある程度フレキシブルに変更できるようにすることと、頑張りや貢献度を反映させて職員のモチベーションを維持していくことの、両輪から考えざるを得ません。

　したがって、原資は、自動的に給与から割り出す（「基本給の○カ月分」の「○」を固定する）のではなく、予算（事業所の今年度決算）の予測値から割り出せるようにしておくこと、および各職員の評価結果をある程度反映させることの2方向から考えるべきです。

　処遇改善加算の関係上、総額人件費の中での法人持出し分を減額するのは難しいのですが、処遇改善の配分を賞与と月額賃金でリバランスさ

せることは可能なので、評価をある程度賞与に反映させながら処遇改善加算を含めた原資配分を考える必要があります。

評価を賞与に応用する代表的な方法を2通り解説します。

■Ⅳ-② 評価結果を賞与係数に反映する方法

評価結果をそのまま応用する方法の例として、図表4-3の方法があります。この場合の手順は、次ページ①～③のとおりです。①の段階で原資は業績により変動可能なので、係数（下記の例だとC）により柔軟に動かすことが可能です。

● 図表4-3　評価結果を賞与係数に反映する方法例

- 人事評価結果に基づき、下表の賞与係数を算出する
- 賞与支給額は以下の算式で計算する
  賞与支給額 = 当年度の賞与基準額 × 当年度の賞与基準月数 × 係数
  ※賞与基準額、賞与基準月数は、事務所が事務所業績等を勘案し毎年決定。
- 上記に加え、部門評価・個人業績評価・特別評価（個人）による評価点等を加算・減算して最終賞与額を決定する

評価ランク	点数	係数
S	91点以上	1.4以上
A	90～80点	1.3～1.2
B	79～56点	1.0
C	55～41点	0.9～0.6
D	40点以下	0.5以下

※評価ランク、点数および係数の設定は、評価制度の運用状況等を勘案し、今後見直しを行うことがある。

例えば原資として基本給の１カ月分の賞与原資（＝ A）を確保できた場合、次のように計算します（各人の基本給＝ B、賞与基準額＝各人の基本給× C、賞与基準月数＝ D とする）。

① 賞与総額を下記の計算式で算出する
   賞与支給総額＝【(賞与基準額×賞与基準月数)×賞与係数】の職員合計額

   つまり
   A ＝【(各人の基本給× C)× D ×賞与係数】の職員合計

② 各人の基本給に賞与基準月数（この場合は１）と賞与係数を掛けて合計したものが A となるように下記の計算式で C の係数を決め、予算に収める
   C ＝【(各人の基本給×賞与係数)× D】の職員合計／ A

③ ②で算出した係数（C）を使って各人別の賞与を計算し、そのばらつきが法人予測を上回る場合は賞与係数を変更する

　図表４－３の例だと、同一基本給であれば評価 D と評価 S では賞与支給額に３倍近くの差が出ることとなり、評価分布によってはかなり厳しいと感じるかもしれません。逆に分布に偏りがなく、多くの職員が評価 B という事業所には、極端な評価（S、D）に差が出たほうが職員のモチベーション維持につながる可能性もあります。ここは事業所の考え方が強く反映されるので、賞与係数を細かく検討すべきところです。

■Ⅳ－③　評価をポイントで反映する方法（ポイント制賞与）

　評価結果に応じて決まるポイントを職員に付与し、成績考課分の賞与支給額はそのポイントによって決定する方法です。この場合の手順は、以下のとおりです。

● 図表4-4　ポイント制賞与の例

- 人事評価結果に基づき、下表の賞与ポイントを算出する
- 賞与支給額は以下の算式で計算する

賞与支給額 ＝ 対象期間の賞与基準額（基本給の〇カ月分）
**　　　　　　＋対象期間の賞与ポイントによる成績考課分**
　　※賞与基準額は、法人が法人業績等を勘案し毎回決定

- 最終段階では、上記に加え、部門評価・特別評価（個人）による評価点等を加算・減算して最終賞与額を決定する

基準	評価	割合	ポイント
期待水準を上回っている	S	上位5％未満	7
ほぼ期待水準	A	上位20％未満	6
一部を除き期待水準	B	中間60％前後	5
期待水準に達していない	C	下位20％未満	4
業務に支障がある	D	下位5％未満	3

※成績考課分計算式＝
　成績考課分原資　×
　【（本人のポイント）÷（その等級の全員の総ポイント）】

　例えば原資として基本給の1カ月分の賞与原資（＝A）を確保できた場合、次のように計算します。

① Aの範囲で基本的に従業員に保証する賞与の金額を下記の計算式から決める
　賞与基準額＝（基本給×C）の職員合計
　成績考課分の賞与総額B＝A－賞与基準額
　　※例えば1カ月分の賞与原資のうち8割を保証し、2割を成績考課分にした場合、
　　　C＝0.8、Bは賞与原資の20％のためB＝A×0.2

② ポイント単価（1ポイント当たりの金額）を決定する
　同一等級に在籍する職員全員分のポイントを合計する（ポイント合

計＝D）

ポイント単価＝B／D

※例えば同一等級の職員が10人で評価S、D→1名ずつ、A、C→2名ずつ　B→4名の場合、図表4－4から合計ポイントは50ポイント

1人平均の基本給を25万円とすると、基本給合計は25万円×10人＝250万円

成績考課分は250万円×0.2＝50万円

ポイント単価は50万円／50ポイント＝1万円

③　各自の賞与金額を決定する

賞与金額＝基本給×C＋（B／D）×評価ポイント

※例えば基本給25万円、評価Sの場合

賞与金額＝25万円×0.8＋1万円×7ポイント＝27万円

基本給25万円、評価Dの場合

賞与金額＝25万円×0.8＋1万円×3ポイント＝23万円

評価を昇格・降格に反映させる

　昇格、降格については、介護事業所のポスト（職位）の昇格および降格、また等級をまたぐ形の昇格、降格の両面があります。

　評価に応じて必ず昇格するという仕組みとすることは難しく、ポストの数に限りがある場合など、評価が良好であっても無条件に昇格を認めることができないケースもあるでしょう。

　したがって、昇格に反映させる場合は、一旦、昇格降格候補者を上長より指名してもらった上で、要件を満たした者の中から、実際には昇格降格委員会のような事業所側の何らかの組織が決定することとしておくと、運営上はスムーズです。

　また、降格は行う可能性が少しでもある場合、労働条件の不利益変更に当たる場合があるので、あらかじめ就業規則等に規定しておき、職員に周知しておく必要もあります。降格は、評価に連動して行われるだけでなく、私傷病等により職責が一時的にまっとうできないケースや本人が降格希望を出すケース等もあるので、就業規則に根拠規定を設けておくことはもちろんのこと、人事制度を説明する機会や研修等を通じて職員に明示しておくことが望ましいです。

● 図表4-5 昇格のルール例

- 人事考課の結果や上長の推薦などの要件を満たした者を昇格の候補とする
- 昇格候補者については昇格降格審査委員会で審議の上、昇格者を決定する
  ※昇格降格審査委員会は社長、本部長で構成される
- 要件を満たしている場合、状況により飛び級を認めることがある。

昇格の取扱い

現在の等級	一般職	中堅職	管理職
昇格候補者の選定要素	・直近の評価がA以上 ・上位等級の要件の充足 ・二次評価者の推薦	・同じ等級でA以上の評価が直近を含め2回以上 ・上位等級の要件の充足 ・二次評価者の推薦	・同じ等級でA以上の評価が直近を含め2回以上 ・役職への就任状況 ・上位等級の要件の充足 ・二次評価者の推薦 ・課題論文提出
昇格時の取扱い	・現等級で3号俸昇給させた後、新等級で直近上位に格付け	・現等級で3号俸昇給させた後、新等級で直近上位に格付け	・現等級で3号俸昇給させた後、新等級で直近上位に格付け

● 図表4-6 降格のルール例

- 下記の要素を満たした場合には降格の候補とし、昇格降格審査委員会で審議の上、降格を決定する

降格の取扱い

現在の等級	一般職	中堅職	管理職
降格候補者の要素	・D評価が2回続いた場合	・D評価が2回続いた場合	・役職解任・変更の場合 ・能力低下が著しい場合
降格時の取扱い	・現等級で号俸を降給させた後、新等級で直近下位に格付け ・降格後新等級の上限を超える場合は新等級の上限号俸に格付け	・現等級で号俸を降給させた後、新等級で直近下位に格付け ・降格後新等級の上限を超える場合は新等級の上限号俸に格付け	・格付けされる等級・号俸は個別ケースにより検討、審査の上決定

第5章
非正規職員のキャリアパスを策定する

Ⅰ はじめに

　非正規職員のキャリアパスを考える前に、第2章で考えたように介護事業所における非正規職員の定義をよく考えてみましょう。職務の内容や職責、異動の範囲等は何ら正職員と変わりないのに、単に少し夜勤の回数が少ない等の理由で非正規職員として位置付けられているフルタイムパート職員等は、同一労働同一賃金の観点から、正職員と異なる給与体系とするのは、原則としては難しいと考えます。

　同一労働同一賃金の観点から、特に考えていただきたいのは次の2つです。

■Ⅰ-① ほぼフルタイムで勤務する非正規職員の扱い

　まず、ほぼフルタイムで勤務する非正規職員がいる事業所に関しては、職務の内容や職責等で何らかの区別が付けられないか（限定職務、委員会活動等の責任の有無等）一度整理して考えます。

　区別ができない場合で人件費増大を回避するために正職員として位置付けることもできない場合は、正職員の中にコース別の限定正職員制度（Aコース；通常の正職員、Bコース；時間限定正職員、Cコース；地域限定正職員など）を作って処遇を区別することも考えに入れて、位置付けを定めていきます。

　正職員間のコース別の待遇差については、同一労働同一賃金の対象とならないため、各事業所でコース別に賞与乗率を変えていくなど、説明のつくやり方で賃金を考えることができます。

Ⅰ-②　正職員に支給されている手当等の扱い

　正職員に支給されている目的別手当（資格手当、特殊業務手当等）や、属人的な給与（年齢給等）に関しては、非正規職員に支給していくのかしないのか等を、それぞれの事業所の事情（今までの基本時給に手当該当部分が組み込まれていた等）を加味して考えていきます。

　支給しないこととする手当については、正職員との待遇差があることに関し、非正規職員に対して合理的な説明ができるかどうかを一つひとつ考える必要があります。

　上記が前提となって、非正規職員のキャリアパスを考えていくことになります。処遇改善加算を算定するためには、原則としてすべての介護職員のキャリアパスが必要になりますので、業務内容の軽い非正規職員や出来高給制の訪問介護の登録型ヘルパーにもわかりやすいキャリアパスを作成していきましょう。

簡易なキャリアパスを策定する場合

　新加算の区分Ⅲを算定するために厚生労働省が示している昇給昇格の要件は、第1章で確認したとおり、以下の3つのうちのいずれか（もしくは複数）が満たされていることとなります（2025年度の特例措置に関する詳細は第1章Ⅵ－②参照）。

> ① 経験年数、勤続年数に関する要件を満たすこと
> ② 資格に関する要件を満たすこと
> ③ 評価制度が導入されていること

　このうち、事業所貢献度等を加味して同一の仕事をしている非正規職員の間でも昇給や賞与等に差を付けたいという話であれば、簡単であっても、評価制度を入れていくしかありません。
　①、②に関しては属人的な要素であり、勤続年数を要件とするならば同期入職者の昇給額は一律となりますし、資格要件も取得実績に応じて一律となります。ただし、何もないよりは①、②でキャリアパスを作成する方法が簡単なので、当初は、①または②の要件でキャリアパスを作成してみることを推奨します。

■ Ⅱ－① 保有資格と連動させるキャリアパス

　資格によるキャリアパスが、現状では一番わかりやすく、簡単で、人件費の上昇にもある程度耐え得るものです。非正規職員の資格取得に対するモチベーションを維持しつつ、資格以外に賃金決定の要素がないのならば、最低賃金さえクリアしておけば概ね運用可能となります。

実際の運用は、資格手当に当たる金額を時給に加算して支給します。

正職員に資格手当が支給されている場合、本来的には、資格は属人的に取得しているものと考えると、正職員に支給している資格手当の額を月平均の労働時間（160時間等）で割り戻して金額を決定するべきですが、責任程度が常勤職員並みにはないということが明白であれば、正職員の資格手当相当分にある程度の乗率（×0.8、×0.6など）を掛けて減算し、非正規職員の資格手当とすることが可能です。

● 図表5-1　資格と連動させるキャリアパス

取得資格により資格手当を基本時給に加算して支給する。

取得資格/研修	初任者研修修了	実務者研修修了	介護福祉士	介護支援専門員
資格手当（円）	10	20	60	100

Ⅱ-②　経験年数、勤続年数と連動させるキャリアパス

Ⅱ-②-1　最低賃金の上昇が続き事実上キャリアパスが崩壊しているケースが増加

これは、毎年または何年おきに1回、時給をいくら上げるかを給与規程等で決める、いわゆる年功賃金で、定期昇給があります。

数年前までは毎年5円とか10円とかを昇給させていくようなキャリアパスも成立していたのですが、ここ数年は最低賃金の急激な上昇により、多くの介護事業所で10月に事業所内最低時給を50円単位で昇給せざるを得ない状況に陥っています。過去に定めた賃金表やキャリアパスが事実上崩壊しているケースも散見されます。

こうしたキャリアパスが導入されている介護事業所については、賃金表やキャリアパスを実態に即したものへと見直す必要があります。

Ⅱ-②-2　勤続年数や最低賃金の額に応じて各人の昇給幅が決まるキャリアパスへと見直す

　具体的には、最低賃金の改定に合わせて毎年10月に事業所内最低時給を上げていく方向で昇給ルールを変更します。

　この際、勤続年数が長く既に最低賃金より高い時給で処遇されている職員について、そのまま全員を最低賃金の上昇幅で昇給させられることが理想ですが、実際には困難です。

　そこで、「その職員の時給を最低賃金が追い越していくまでは毎年＋10円」など、基本となる時給の昇給幅を決めておき、その昇給幅で処遇していくように定めます。

　そして、最低賃金が職員の時給を追い越したら、①最低賃金に達するまで昇給、プラス②勤続年数の古い職員と最低賃金引上げのおかげで時給が大幅に増えた新しい職員とで横並びにならないように昇給幅を確保していく、というやり方を採ります。

　図表5-2に一例を示しました。一律に最低賃金分を昇給させるのではなく、人件費増大を防ぐことができるよう、昇給幅を決めている例

● 図表5-2

勤続年数による非常勤職員の昇給ルール
1　毎年10円（以上）を10月より昇給させる
2　最低賃金を下回らない
3　最低賃金額が現状の時給を追い越すまでは、10円の昇給
4　入職2年目は最低賃金額で処遇される職員（その年の新入職員）より、＋5円以上の上乗せ
5　入職年ごとの時給の最低値は、1年度異なると＋5円以上の上乗せ
　　（入職2年目＜入職3年目＜入職4年目＜〜　年次毎の上乗せは＋5円以上）

年度	2023	2024	2025	2026	2027	
最賃	1,113	1,163	1,220	1,270	1,320	→予測値
A			1,220	1,275	1,330	2025年入職
B		1,163	1,225	1,280	1,335	2024年入職
C	1,113	1,168	1,230	1,285	1,340	2023年入職
D	1,150	1,173	1,235	1,290	1,345	
E	1,200	1,210	1,240	1,295	1,350	
F	1,250	1,260	1,270	1,300	1,355	
G	1,300	1,310	1,320	1,330	1,360	

　　※毎年10月1日を非常勤職員の賃金改定における年度の初日とする。
　　（A〜Gは、介護職員の名前）

です。各人の昇給幅が勤続年数や最低賃金の額に応じて異なる、複雑なルールとなっています。

　この例では、2023年時点で最低賃金より高い時給で処遇されている職員（E、F、G）の昇給幅は「＋10円」に設定されています。Eの2025年の昇給幅を前年と同じ「＋10円」で設定すると1,220円となりますが、最低賃金が適用される新しい職員（A）の時給（1,220円）と同額となってしまいますし、同様のことがB～Dにも言えてしまいます。そのため、入職年に合わせB～Eの時給をそれぞれ「＋5円」上乗せした額へと昇給しています。

　しかし一部の職員（D～G）に限ってみても、2023年度から2024年度では53円（月額8,480円、年額101,760円）、2024年度から2025年度では112円（月額17,920円、年額215,040円）の人件費増が発生します。処遇改善等加算が算定できなければ相当に厳しいものになるのは間違いないでしょう。

Ⅱ－②－3　昇給原資には処遇改善加算を使用するべき

　このようなシミュレーションを行うと、属人的な要素（勤続年数、経験年数等）で一律に時給を上昇させていくのは極めて厳しいということがおわかりいただけるでしょう。

　なお、最低賃金に至っているかを計算する際は、処遇改善加算を原資としている部分は、毎月固定的に支給されていれば最低賃金計算の根拠に入れてよいので、昇給原資には処遇改善加算を使用するべきと考えます。処遇改善加算を使用しても固定給の昇給原資が不足する場合は賞与原資とのリバランスを考えますが、非正規職員に十分な賞与を配分しているケースは多くなく、正職員も含めた賞与原資、特に処遇改善加算部分をどのようにリバランスしていくかを考える必要があるでしょう。

■ Ⅱ－③　評価によるキャリアパス

　個別に昇給要件を変えたい場合は、簡単な等級要件表を作成し、そこ

に紐付けて時給を階段状にしていく方法を採ります。基本的には常勤職員と同じ方法で等級要件表を作成するのですが、責任程度等を考え、なるべく簡単にしていくことがコツとなります。Ⅱ－①の考え方と合体させ、資格レベルの目安を決めておくと、よりわかりやすくなります。

実際の昇格等は、このキャリアパスレベルが満たされたかどうかの評価で行います。

★ 図表5－3　等級要件表を用いたキャリアパス例（資格要件と合体させたもの）

1 任用要件

等級	1等級	2等級	3等級	4等級
任用要件	指示を受けながら日常的な業務を行う	一定の指示のもと、ある程度の業務が一人でこなせる	指示がなくても一人で業務ができる ※初任のパートを指導できる	非常勤職員のリーダー的存在
資格レベル	無資格・未経験	初任者研修修了レベル	実務者研修修了レベル 介護福祉士取得レベル	3等級の資格に加え社会福祉士等の複数資格取得もしくは介護支援専門員資格取得

2 賃金要件/昇格要件

賃金レンジ		1等級	2等級	3等級	4等級
	最低	最低賃金	最低賃金＋20円	最低賃金＋60円	最低賃金＋120円
	最高	最低賃金＋10円	最低賃金＋50円	最低賃金＋120円	最低賃金＋200円

昇格は、各等級要件が満たされた時に上司の推薦により上位等級に昇格する。

III 同一労働同一賃金を勘案したキャリアパスを策定する場合(中、大規模事業所向き)

　非正規職員の人数が多い場合、またフルタイムに近い働き方をしている非正規職員がいる場合に、職責が異なる部分を等級要件表に落としていく方法です。

★ 図表5−4　同一労働同一賃金を勘案したキャリアパス

正職員キャリアパス

等級		1等級	2等級	3等級	4等級	5等級
任用要件		指導を受けながら日常的な業務を行う	自立して日常業務ができる	介護技術に優れたものを持ち、チーム介護ができる リーダーシップを持って管理者を補佐できる	リーダーシップを持って部門管理できる部門間の調整能力がある	法人全体のマネジメントを考え部門をまとめることができる
職位・職階		試用期間+初任者	一般職(初級)	一般職(上級)	主任、管理者 サービス提供責任者	部長 管理者(上級)
基本給レンジ	最低	200,000	220,000	240,000	270,000	300,000
	最高	219,500	259,000	298,500	348,000	

正職員+非正規職員

等級(常勤)			1等級	2等級	3等級	4等級	5等級
等級(非常勤)		A	B	C	D		
任用要件		介護に関する技術、知識等があまり必要としない業務につき、上司の指示に従って確実に行う	指導を受けながら日常的な業務を行う	自立して日常業務ができる	介護技術に優れたものを持ち、チーム介護ができる リーダーシップを持って管理者を補佐できる	リーダーシップを持って部門管理ができる部門間を調整する能力がある	法人全体のマネジメントを考え部門をまとめることができる
職位・職階		無資格・未経験	初任者	一般職(初級)	一般職(上級)	主任、管理者 サービス提供責任者	部長 管理者(上級)
責任の程度	常勤		法人の指定した仕事(委員会活動を含む)を行う 異動、職場変更等あり、法人の指定した時間帯で勤務できる 職種は基本的には一定(委員会活動への参加義務なし)			部門運営における責任を持つ	法人運営における責任を持つ
	非常勤		休日指定、夜勤免除等、勤務時間帯に関して職員の希望を伝えることができる				
基本給レンジ(常勤)	最低		200,000	220,000	240,000	270,000	300,000
	最高		219,500	259,000	298,500	348,000	
基本給レンジ(非常勤)	最低	最低賃金	最低賃金+15円	1,250	1,400		
	最高	最低賃金+10円	最低賃金+50円	1,400	1,750		
資格レベル				初任者研修修了	実務者研修修了	介護福祉士	

※非常勤職員のC等級以上の給与は、最低賃金変更があった際は、改定されることがある。

　このようなキャリアパスを作成する場合は、非正規職員が正規職員並みの仕事内容、職責を持ち勤務している場合、正規職員の基本給を平均の月間所定労働時間で割る形で非正規職員の時給を決定するのが基本です。職務の内容、職責が限定されている場合は、限定されている分につ

き適正な時給を決定していくことが可能となります。
　Ⅱで解説した簡易なキャリアパスよりも、仕事の責任程度ややるべきことがわかりやすくなります。

登録型訪問介護ヘルパーのキャリアパス

　非正規職員の中でも、登録型訪問介護ヘルパーのキャリアパスは、給与体系により対応が異なります。

　完全に時給制（または日給月給制、日給制等）により勤務している登録型訪問介護ヘルパーに関しては、時給等に資格手当を付加するなどによりⅢと同様の考え方でキャリアパスを組み、昇給昇格要件まで担保することが可能です。

　一方、出来高給制の登録型訪問介護ヘルパーの場合は、あくまで行った仕事の内容に対して給与が支給されます。「昇給」等の概念がなく、そのままではキャリアパスを作成するのは難しいことが多いため、この問題をクリアする方法として次のいずれかを検討します。

■Ⅳ-①　登録型訪問介護ヘルパーの出来高給の賃金表に資格手当を上乗せ、または内包する場合

　出来高給の給与表に、取得資格に応じて給与を上乗せします。

　もともと介護福祉士等の資格保持者を優遇して出来高給制の賃金表を使用している介護事業所については、資格手当相当分を出来高給制の給与に内包している旨を賃金規程に記載して、処遇改善加算の算定要件を満たすようにします。

● 図表 5 − 5　登録型訪問介護ヘルパーキャリアパス例（資格要件）

登録型訪問介護ヘルパー　キャリアパス①（資格要件例）

取得資格により資格手当をヘルパー賃金表の1単位につき以下の金額を加算して支給する。

取得資格/研修	初任者研修修了	実務者研修修了	介護福祉士	介護支援専門員
資格手当（円）	−	10	50	60

Ⅳ−②　賞与、一時金等で等級別階段を作る場合

　出来高給制の給与体系については、介護報酬とリンクしている場合が多いので、事業所として動かすのが厳しい場合は、賞与や一時金等で等級別階段をつくることも一つの方法です。

● 図表 5 − 6　登録型訪問介護ヘルパーキャリアパス例（賞与）

登録型訪問介護ヘルパー　キャリアパス②（評価、賞与で変更例）

1　任用要件/昇給昇格要件

等級	1等級	2等級	3等級
任用要件	指導を受けながら訪問介護における日常的な業務を行う。	指示がなくても一人前の仕事ができる。	一人前の仕事ができる。訪問介護の初任者を教えることができる。
必要とされるレベル（資格要件）	介護職員初任者研修修了	介護福祉士取得レベル	
経験年数要件			介護福祉士取得より経験年数5年(当社での経験年数必要)

2　賃金要件/昇給昇格金額

等級	1等級	2等級	3等級
給与	別表(ヘルパー賃金表による)		
昇給	初任者研修修了 賞与；(半年)サービス価格合計の2％	介護福祉士 賞与；(半年)サービス価格合計の5％	賞与；(半年)サービス価格合計の8％

Ⅳ-③ 簡単な評価表を作成してキャリアパスに応用する場合

　登録型訪問介護ヘルパーに簡単な評価表を作成して、評価による成長を促しながら、キャリアパスに応用していく場合もあります。

● 図表5－7　登録型訪問介護ヘルパーの評価表例

登録型訪問介護ヘルパー　評価表

各項目の合計点数で評価を行います。

1　介護保険サービスの稼働時間数
　前年度の稼働時間数で評価

評価点	稼働時間数
10	600 時間以上
8	500 時間以上　600 時間未満
6	400 時間以上　500 時間未満
4	300 時間以上　400 時間未満
3	200 時間以上　300 時間未満
2	200 時間未満

2　障害者支援サービスの稼働時間数
　前年度の稼働時間数で評価

評価点	稼働時間数
10	170 時間以上
8	150 時間以上　170 時間未満
6	140 時間以上　150 時間未満
4	120 時間以上　140 時間未満
3	100 時間以上　120 時間未満
2	100 時間未満

3 事業所研修への参加回数

　　前年度の参加回数で評価

評価点	研修参加回数
5	4回以上
3	2～3回
1	1回以下

4 訪問忘れがない

　　5、3、1の3段階評価

　　（訪問忘れが1回もない/殆どないのが評価5）

5 事故・苦情がない

　　5、3、1の3段階評価

　　　（事故・苦情がないのが評価5）

6 臨時訪問や休みの交代等、急な仕事でも気持ち良く引き受けてくれる

　　10、6、4、1の4段階評価　→標準　4

★ 図表5-8　評価を取り入れた登録型訪問介護ヘルパーのキャリアパス

1 任用要件/昇給昇格要件

等級	1等級	2等級	3等級
任用要件	指導を受けながら訪問介護における日常的な業務を行う。	指示がなくても一人前の仕事ができる。	一人前の仕事ができる。訪問介護の初任者を教えることができる。
必要とされるレベル（資格要件）	介護職員初任者研修修了 介護ヘルパー2級取得	介護福祉士取得レベル	
評価要件	ヘルパー評価表によるB評価3回以上＋資格取得で3等級へ昇給	ヘルパー評価表によるA評価5回以上で3等級へ昇給	

2 賃金要件/昇給昇格金額

等級	1等級	2等級	3等級
時給	別表(ヘルパー賃金表による)		
昇給（資格要件）	初任者研修修了	介護福祉士	
		＋50円の昇給	
昇給（評価要件）			＋20円の昇給

第6章
現行制度の課題別賃金制度改定の実務

Ⅰ はじめに

　新加算の上位区分算定を目指しながら、処遇改善加算の改定をきっかけに介護事業所の人事制度を見直す場合の流れについて、第2章で述べました。

　本章では、実際に事業所の抱える問題点を解消しながら、賃金制度を見直す具体的な方法を述べます。例として、次の3例を取り上げます。

① 諸手当の数が多く、基本給が圧迫され、採用競争力に問題があるA法人（社会福祉法人）
② 旧加算で介護職を優遇した結果、介護職に支給する賞与だけが膨れ上がっているB社　（株式会社）
③ 赤字体質の法人C（社会福祉法人）

　このほか、近年散見される最低賃金の上昇により非正規職員の時間給が入職した年の最低賃金のままになってしまい、キャリアパスが事実上崩壊しているソースへの対処法については、第5章で取り上げましたのでそちらを参照してください。

諸手当の数が多く基本給が圧迫され、採用競争力に問題があるＡ法人

■ Ⅱ−① Ａ法人の課題

　Ａ法人は、特別養護老人ホームを２施設運営しており、特別養護老人ホームに併設されているデイサービス、ショートステイを運営しています。そのほかに居宅介護支援事業所があります。この２施設は同一県内にはありますが、所在地としては比較的離れたところにあり、給与計算も労務管理もそれぞれの施設で行っており、法人本部はそれを集約するだけの役割となっています。

　伝統のある事業所で、昔からある地方公務員準拠の給与表から脱することができず、賞与乗率も決まっている中（基本給×○カ月）、諸手当を乱発して基本給が抑えられています。諸手当の中には、中途採用の職員の前職での給与を換算し、差額を付加したような本来の賃金の目的からは意味がない手当等もある模様です。

　一方、非正規職員の給与では正職員のような目的別手当は一切支給されておらず、基本時給はここ数年の急激な最低賃金の上昇への対応が難しく、入職した年の最低賃金から昇給もできずにいます。

　基本給の低さゆえに採用競争力に劣り、採用に大変苦労しています。慢性的な職員不足から休日数等も増やせず、悪循環に陥っている状況です。

■ Ⅱ−② 資料を整理して現状分析データを整える

　Ａ法人の希望は、処遇改善加算制度の変更もあり、２施設ばらばらのやり方を改めてもっとわかりやすい給与体系にしていきたいというも

のでした。

　外部コンサルタントとして関わる場合は、現状分析で全体を把握することが非常に重要です。まずは現状分析データを整えるための資料を請求します。その上で、現状分析シートを作成します。

　複数の施設を運営している介護事業所の場合、それぞれの施設に文化があり、事業所によって労務管理の仕方が異なり、そもそも職員番号の振り方も異なるし勤怠の管理方法も異なる、といったケースが多く見受けられます。一施設で抱える職員数が相当に多くなる場合もあり、データがバラバラに存在していてデータの集約に困難を伴うこともあります。データの集約ができずに人事制度の統合等ができず、前に進まないこともあります。

　データはできる限りシンプルにして、一元管理ができるように整理していくことから始まります。

■Ⅱ-③　現状分析データから読み取った内容に基づき、ヒアリングポイントをまとめる

　現状分析シートを作成したら、そこから読み取れる内容を踏まえてヒアリングポイントをまとめ、次のステップに備えます。

■Ⅱ-④　ヒアリングを行い、法人の方向性を決める

　A法人の給与に関しては、とにかく諸手当の種類が多いこと、それによって基本給が圧迫されていることが基本的な問題となっていました。一口に「諸手当の種類が多い」と言っても、渡された給与規程を見ても手当の内容がよくわからないとか、2つの施設で組織図上同じ位置にいるリーダーの手当の額が異なっているなど、単に種類を減らすだけでは解決できない課題が見受けられました。

　賞与については、「基本給×○カ月」と賞与の乗率を高く見せている

● 図表6-1 A法人現状分析シート

社員番号	氏名	所属	役職	職種	満年齢	勤続年数	基本給	管理職手当	役務手当	調整手当	特業手当	資格手当	処遇改善手当	特定処遇改善手当	特別処遇改善手当	扶養手当	住宅手当	他の手当
	A	施設X	施設長		55歳	28年	260,000	60,000	0	7,700	10,600	7,000	0	0	5,000	0	1,000	0
	B	施設X		事務職	59歳	10年	198,300	0	0	5,900	8,100	3,000	0	3,250	5,000		20,500	0
	F	施設X		管理栄養士	28歳	1年	171,700	0	5,000	5,100	10,600	10,000	0	3,250	5,000	0	21,000	0
	G	施設X	リーダー	介護職	48歳	13年	177,800	0	10,000	5,300	14,600	7,000	25,800	18,000	5,000	0	21,000	0
	H	施設X	リーダー	介護職	39歳	12年	179,100	0	10,000	5,300	14,700	7,000	25,800	18,000	5,000	0	21,000	0
	I	施設X	リーダー	介護職	29歳	4年	155,300	0	5,000	4,600	12,700	7,000	25,800	7,500	5,000	15,000	15,250	0
	J	施設X		介護職	48歳	3年	187,600	0	0	5,600	15,400	7,000	25,800	7,500	5,000	0	1,000	0
	K	施設Y		介護職	27歳	3年	153,900	0	0	4,600	12,600	7,000	25,800	7,500	5,000	0	13,250	0

事業所所在地；埼玉県

Ⅱ 諸手当の数が多く基本給が圧迫され、採用競争力に問題があるA法人

ものの、基本給が低いので実際のところはさほどの金額にはなっていないようでした。

実際の組換えにあたっては、現状分析シートから読み取った、以上の内容を踏まえ、法人の大まかな方向性を決めていく形でヒアリングを行いました。

ヒアリングは、次のような形で進めました。

> **Q：　各手当をどんな目的でどのように支給しているかを教えてください。**
> A：　管理職手当と役務手当は、管理職とリーダー等に、所属施設によりこのくらいというのを支給してもらっている。
> 　　　（→　所属施設に決定権があるので、2施設で金額がバラバラとなる）
> 　　　調整手当は、基本給を補完する意味でだいたい3％を目安に支給。
> 　　　（→　賞与乗率等を上げたい一方、旧退職金制度では掛け金を抑えるため基本給も低く抑える必要があり、調整手当を支給していた）
> 　　　特殊業務手当は、この人はこのくらいということで調整的に使っている。
> 　　　（→　前職の給与が高い人等のための、調整的なもの）
> 　　　資格、扶養、住宅の各手当は、一応賃金規程を改定して基準どおり支給。
>
> **Q：　新賃金体系では、賞与乗率は低くなっても各職員の年の総額が大きく変わらないようにするという方向でよろしいですか？　また、退職金制度に影響はありませんか？**
> A：　賞与乗率は、「基本給の○カ月」の係数が下がるのは致し方ない。それよりは基本給を上げて最低賃金を上回るものにし、採用競争力を上げたい。
> 　　　退職金制度は、昔はWAMに加入していて掛け金の増加を防ぐため、基本給を低く抑える必要があったが、今は勤続年数

に連動した一律の支給にしてしまったので、基本給の増減は影響ない。

Q： 法人の給与として意味のある手当（改定後も残したい手当）はどれですか？
A： 資格手当は処遇改善加算の対象になり、目的があるので残したい。ただし、支給対象の資格と金額は見直したい。
　　扶養手当、住宅手当はいきなり変えると混乱するので、いずれ変更することはあるかもしれないが、現時点ではそのままにしたい。
　　各役職の定義をはっきりさせ、役職手当をきちんと支給したい。その際、法人として金額を統一したい。

Q： 処遇改善加算の配分はどのようになっていますか？
A： 手当と賞与で支給している。少し前まではほとんどが賞与だった。

Q： 昇給はどのように決まる仕組みですか？
A： 今は表に出ていない（職員に開示していない）賃金表があり、それに従って一律に3号俸昇給をベースとしている。はっきりとした役割や能力によるキャリアパスはないので、単に毎年賃金表の上限が伸びて行っているだけ。役職に就くと賃金表は次の等級に行くことになっているので、どんな役職でも昇格すると賃金が上がる仕組み。一旦役職に就き、マネジメントができず本人希望で降職するようなことがあっても、賃金は変えていない（だから降職希望も多い）。

Q： 介護職以外の賃金についての希望はありますか？
A： 専門職の賃金がものすごく上がってきて、採用ができなくなっていることが悩み。現状は規程による決まりもなく、採用時の職員側の言いなりで上限がない。専門職の賃金は、シンプルに作成し直して、資格手当等を支給することで世間相場程度

> の金額としたい。前職がそれより高い場合は、採用時は調整給を付けることで言いなりの金額を支給するとしても、相応の仕事ができなければ引き下げる可能性を持たせたい。

　ヒアリングの結果、A法人の場合は、以下の方針で組換えを行うことに決定しました。

- そもそもの等級要件表が必要。簡単なイメージの等級要件表を土台にして、賃金組換えと同時に、プロジェクトチームでもう少し詳細な等級要件表を研修として作り込む
- 役職の役割は経営のほうできちんと考えてキャリアパスに落としておく（2拠点で齟齬が生じないように決定）
- 賞与の乗率にさえこだわらなければ、基本給増大の方向への組換えは可能
- 賞与の乗率にも配分にもこだわらないなら、月額賃金＋賞与の法人持出し分を減らさない枠内で処遇改善の配分を見直し、月額賃金および賞与の合計の法人総額は変化させずに賞与と月額賃金のリバランスを考え、月額賃金のアップの可能性を図る
- 調整手当、特業手当などあまり意味を持たない手当については、基本給に組み入れる
- 管理職、役付手当は一本化して役職手当として定義し直す
- 資格手当は、どの資格にいくら支給するのが妥当かを定義し直して、新たに金額を決定する
- 他職種については、介護職の賃金レンジを元に再構築をして、資格手当で処遇することを考える
- 昇給・昇格は、等級要件表に従い、評価に基づいてできるようにする。降給・降格も、評価に基づいてできるようにして、降給・降格者には当人の仕事なりの減給が可能なようにあらかじめ定める

■ Ⅱ−⑤　等級要件表の作成・確認

　Ａ法人の場合は、かなり昔の給与表（しかも２拠点別々のもの）があるだけで、キャリアパスは明確ではなく等級要件表もない（役職昇格だけがある）状況でした。

　そのため、プロジェクトチームを作ってもらい、第２章で述べた方法に準じて等級要件表を作成しました。まず等級の数と各等級に属する職員のイメージを作り、その段階で仮等級の格付けができるかどうかを確認して、先に進めました。

■ Ⅱ−⑥　新しい賃金体系の検討

Ⅱ−⑥−１　正職員

　先のヒアリング結果を受けて、まず、賞与と月額賃金のリバランスを行うこととし、図表６−２のように考えることにしました。

　処遇改善加算相当分については、賞与にかなりの部分が回っていたので、計算上問題ない部分まで基本給のほうへ付け替えて、基本給の増額をしました。その上で、諸手当の整理をし、さらに不要な手当を基本給に回してさらなる基本給のアップを試みました。

　処遇改善加算相当分を基本給に内包したので、別途、処遇改善加算相

● 図表６−２　賃金組換えの概念図（Ａ法人）

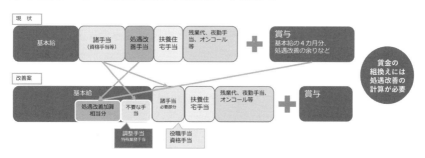

当分が基本給にどのくらい原資として組み込まれているかについては、毎年、事業所別に総額を出しておく必要があります。

賞与とのリバランスについては、処遇改善加算相当分が賞与または一時金に多少は残るよう、配慮が必要です。なぜなら、多少は残る試算でいかないと、サービス提供が万が一予想より低調に終わった場合、処遇改善加算も減額してしまう一方、賞与原資から回すことができなければ、最悪法人が持出しで不足分を手当しなければならなくなってしまうからです。このような事態は避けたいので、賞与とのリバランスは限界までやり過ぎないように注意が必要です。

他職種については、専門職でもともとの賃金が高かったため、整理して、基本時給の簡単な階段を作成した上、資格手当を加算した形にしました。

Ⅱ－⑥－2　非正規職員

非正規職員については、古い賃金表が残っていたのですが、まったく機能していませんでした。介護職では最低賃金の上昇に合わせて基本時給が上がっていく職員がほとんどだったため、処遇改善加算を算定するための最低限の措置も含め、資格取得によるキャリアパスの階段を作り、不足する原資については、新加算を原資として手当しました。

このキャリアパスの運用について、A法人ではもともと非正規職員を責任程度が軽い限定職と位置付けていたため、役職に就くことを想定しておらず、役職手当は対象者がいませんでしたが、今後法人組織が大きくなり非正規職員のリーダー職等が出てきた場合は、正職員と同様の役職手当の考え方で、時給換算して支給することを検討しています。

住宅手当については、2施設間の異動を正職員並みには考えていないことから、対象外としました。

扶養手当については、無期転換請求権を持つ非正規職員（5年以上勤続の非正規職員）について、週所定労働時間30時間以上勤務している場合は、正職員の扶養手当と同様の金額を加算することにしました。

Ⅱ−⑦　各等級の基本給レンジを決定する

　Ａ社における基本給レンジの決定の手順とその結果を図表３−３・３−４に示しました。

　基本的には、第２章で述べた方法に従ってまず等級ごとに改定後の賃金体系における職員の基本給分布を見ていきます。

　Ａ法人の場合、賞与とのリバランスにより処遇改善加算を原資とする基本給増額部分については一律に付加することに決定したので、計算を簡単にするために、改定前・後の総額原資を等しくして、各人別の計算を行いました。

　上記の手順で各等級における職員の分布を見て、賃金レンジを決めていきます。

　１等級の１号俸（法人の介護職における最低の基本給）は、少なくとも最低賃金と近隣調査（近隣の法人の求人の金額調査）における無資

● 図表６−３　基本給レンジの決定の手順

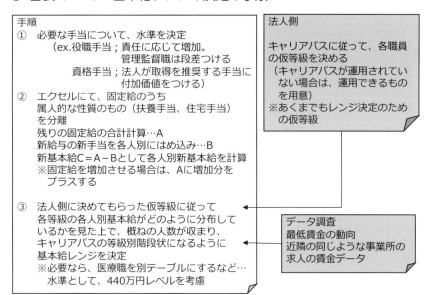

Ⅱ　諸手当の数が多く基本給が圧迫され、採用競争力に問題があるＡ法人　　193

図表6-4 実際の検討手順と結果

実際
① 新手当案

役職	役職手当
サブリーダー	5,000
リーダー	10,000
主任	20,000
施設長/事務長	60,000

資格	資格手当
看護師 保健師	50,000
准看護師	40,000
主任介護支援専門員	25,000
介護支援専門員	20,000
社会福祉士	10,000
社会福祉主事	5,000
管理栄養士	10,000
OT/PT/ST	15,000
柔道整復師	5,000
介護福祉士	10,000
初任者研修了（H2）	3,000
日商簿記2級	10,000
日商簿記3級	3,000

② 組換え

社員番号	氏名	所属	職種	役職	基本給	管理職手当	役務手当	課職手当	特業手当	資格手当	処遇改善手当	特別処遇改善手当	固定給合計	扶養手当	住宅手当
	F	施設X	管理栄養士		171,700	0	5,000	5,100	10,600	10,000	0	3,250	210,650	0	21,000
	G	施設X	介護職	リーダー	177,800	0	10,000	5,300	14,600	7,000	25,800	18,000	263,500	0	21,000

C＝A－B　　新しい手当個別にスケール

新等級	氏名	所属	職種	役職	新基本給	新役職手当	新資格手当						固定給合計＝A	扶養手当	住宅手当
2	F	施設X	管理栄養士		200,650	0	10,000				変更無し		210,650	0	21,000
4	G	施設X	介護職	リーダー	243,500	10,000	10,000						263,500	0	21,000

③ 全員分作ったら、等級ごとにフィルターをかけて、分布をみる。

格・未経験の職員募集金額および新卒募集の金額を参考に組みます。その新人が当法人で成長するのに概ね何年くらいかかるのかということと、やはり近隣調査の実態を参考にしながら、職員の分布を見て、各等級の最低号俸の金額を決めます。

レンジだけ決めるのであれば、各等級の職員の基本給分布を見ながら、どこまでが適正な賃金上限なのかを決めます。この時、総額人件費の上昇を未然に防ぎたい場合は、あまりレンジの上限を無制限に上げないほうが良く、公平な人事制度に向けて、適正なレンジ設定を一旦試みるべきです。

もし賃金表を作成するのであれば、昇給のピッチ（標準昇給をした場合と、最低の昇給しか出せない場合の金額）を考慮しながら、やはりどこまでを上限とするかを決めます。毎年の昇給は評価によりそれほど大きい金額を出さず、昇格（上位等級へ上がること）によって職員のモチベーションを上げていきたいという場合は、ピッチはなるべく抑えた形で、昇格時に昇格・昇給をする仕組み（等級昇格時に役職手当増額のほか、最低5,000円の昇給をするなど）を入れることで、問題が解決することもあります。

他職種についても、実際の職員の基本給分布表から役職手当の金額で調整がつくことが判明したため、基本給表は統一して用いることになりました。ただし、専門職であることを考慮して、基本給は介護職の1等級から開始するのではなく、専門職は専門ごとに、2等級から開始する職種と3等級から開始する職種とに分けることにしました。

■ Ⅱ－⑧　昇降給、昇降格要件等を決定する

賃金レンジが決定したところで、昇降給、昇降格の要件を決定していきます。

A法人の場合は、今まで自動昇給等で総額人件費率が上がっており、単純に経験年数の多い職員の給与が高く、若手が育っていかないという問題があったので、等級要件表を確立して、仕事の内容と職責、能

力、資格取得状況等の等級要件に従った評価を導入することで、昇降給、昇降格を決めることにしました。

　非正規職員については、介護職では資格取得のキャリアパスを設定したので、資格の取得状況に応じて昇格することとしました。その他の職種については、基本給の簡単な時給表を作成したので、主にA法人における経験年数と勤務態度により昇格することとしました。

　昇給原資は、処遇改善加算の改定が毎年あって毎年増額されるならば、増額分は昇給原資として見込めるのですが、原則は3年に1回です。

　そのため、総額人件費増大に限りのある法人に関しては、処遇改善加算が増額されるときに諸々考えておかないと（昇給原資に使用しない部分を一時金で充てておき、翌年以降の昇給原資として使用する、もしくは昇給原資に合わせて柔軟に昇給率を決めることができる制度を導入しておくなど）、暦年昇給をすることが難しくなります。

■Ⅱ-⑨　全職員の移行について

　賃金体系が決定したら、新賃金体系のもと、職員の等級を決定し、全員分の移行データを作成します。この際、矛盾が起こっていないか慎重に検討します。何らかの矛盾や齟齬がある場合は、制度設計によるものなのか職員個人の問題なのかを判断し、個人の問題の場合は、経過措置等で対応できないかを検討します。

　特に賃金レンジの上限をはみ出た職員に調整給を付ける場合には、第2章で示したように、その後調整給をどうするのかも議論をしておくことが必要です。

　A法人の実際の賃金制度とキャリアパスは、図表6-5・6-6のようになりました。

● 図表6−5　賃金制度（正職員）例（A法人）

階層	一般職			指導職		管理職（管理監督者）
等級	1等級	2等級	3等級	4等級	5等級	6等級
職位目安	初任者・初級者	中級者	上級者・サブリーダー	リーダー	主任	施設長
役職手当				10,000	20,000	60,000
キャリアパス要件イメージ	未経験または経験の浅い人、新任者、自立を目指す人	自立しては仕事が行なえる人	アドバイザー現場のお兄さん・お姉さん役	チームのまとめ役役職者とのパイプ役	現場業務の責任者	部門全体の管理監督者法人の視点に立つ
資格要件（介護/支援）	無資格、新卒、初任者（3年未満）	初任者（3年以上）介護福祉士：10,000円		介護福祉士（経験3年以上）10,000円		
看護リハ			正看護師；50,000円　准看護師；40,000円リハ職；15,000円(PT,OT,ST)/5,000円(柔道整復師)			
CM			CM；20,000円/主任CM;25,000円			
栄養職			管理栄養士；10,000円			

等級	1等級	2等級	3等級	4等級	5等級	6等級
昇格昇給	500	5,000	5,000	5,000	5,000	年俸制
ピッチ	500	500	500	1,000	1,200	
1	190,000	200,000	220,000	240,000	260,000	
2	190,500	200,500	220,500	241,000	261,200	
3	191,000	201,000	221,000	242,000	262,400	
4	191,500	201,500	221,500	243,000	263,600	
5	192,000	202,000	222,000	244,000	264,800	
	192,500	202,500	222,500		266,000	
38	208,500			277,000	304,400	
39	209,000	219,000	239,000	278,000	305,600	
40	209,500	219,500	239,500	279,000	306,800	
41	210,000	220,000	240,000	280,000	308,000	

Ⅱ　諸手当の数が多く基本給が圧迫され、採用競争力に問題があるA法人

● 図表6-6　等級要件表（介護職正職員）例　（A法人）

階層	一般職	
等級	1等級	2等級
職位目安	初任者・初級者	中級者
経年年数目安	未経験～3年	半年～5年
基本給	190000 210000	200000 220000
イメージ	未経験または経験の浅い人、新任者、自立を目指す人	自立して仕事が行なえる人
任用要件	指導・助言を受けながら日常的な業務を行う	自立して日常業務を行う
法人職員として	法人の理念、経営方針を理解する 法人で定められたマナー・ルールを守る 任された仕事に対し責任をもって取り組む	法人の理念に基づいた行動が取れる 周囲の動きを読みながら職責を全うする 自力でスケジュール管理を適切に実施する
判断と報連相 指揮・命令	随時、上長への報告・連絡・相談を行う	日々の業務遂行上の判断と、上長への報告・連絡・相談を行う
業務遂行 責任・権限	指示の範囲内での業務達成に責任をもつ 指導・助言を受けながら目標達成に向け行動する 業務内容を理解し、指導・助言を受けながら業務を遂行する 自ら学ぶ	担当範囲内での業務達成に責任をもつ 事業計画上の役割を果たす 目標達成に貢献する 業務を主体的に遂行する 必要な情報収集を実施する
サービスの質の向上 業務改善/品質の向上	良質なサービスの提供を習得する 業務に関わる関係法令を習得する 求められていることを理解し、正しく提供する	サービスの質の向上に貢献する 自己研鑽に主体的に取り組む 周囲の意見や情報を活用し、考えて実行する
職員（上位・同僚・部下）対応	指示を理解し、指示に従い業務を遂行する	後輩に対する指導・助言を行う 話をまとめて分かりやすく相手に伝える
リスク管理 トラブル処理	日常業務におけるリスクを理解する	日常業務におけるリスクマネジメントを行う
企画立案		

資格要件

初任者研修	◎	
実務者研修		◎
介護福祉士		○
介護支援専門員		
社会福祉士		

階層		指導職
等級	3等級	4等級
職位目安	上級者　・　サブリーダー	リーダー
経年年数目安	3～6年	
基本給	220000	240000
	240000	280000
イメージ	アドバイザー 現場のお兄さん・お姉さん役	チームのまとめ役 役職者とのパイプ役
任用要件	（介護）技術に優れたものをもち、チーム介護又はチームで仕事を行う	リーダーシップを身につけており、部門のリーダー又はリーダーの補佐としてチームをまとめる
法人職員として	法人の理念に基づいた行動が取れ、且つ、他の職員の模範となっている 顧客・組織・部門の利益やバランスを考えて行動する 改善策・予防策を提案し共有する	部下の行動について、理念に沿った行動ができるように指導を行う 顧客・組織・部門の利益が出るような行動がとれる 改善策・予防策を部下に徹底させる
判断と報連相 指揮・命令		サービス提供上の裁量の範囲での判断と、上長への報告・連絡・相談を行う 内容や期日を正確に伝え部下の手本となる
業務遂行 責任・権限	担当範囲外においても責任をもってチームの支援を行う 事業計画上の役割を果たす 目標達成に率先して貢献する 業務遂行において臨機応変に対応し、他の職員の模範となる 新しい試みに挑戦する	上長を補佐し、担当するチーム（部署）の業務遂行の責任を果たす 担当範囲内での判断、裁量権を有する 事業計画上の役割を果たす チームをまとめ目標達成に向け指導助言を行う 目標を決め着実に実行できる計画を立てる
サービスの質の向上 業務改善/品質の向上	サービスの質の向上に率先して貢献する 専門知識・技術だけでなく、組織人として広範に自己研鑽に取り組む 顧客の視点に立ちサービスの提案・関わりを行う 状況や変更に応じて、考え方や方法を変更し実行する	サービスの質の向上のため職員への指導・助言を行う 人材育成やリーダーシップについて積極的に学ぶ 常に改善・向上の視点をもって実行する
職員（上位・同僚・部下）対応	上長の補佐および後輩への指導・助言を行う OJTリーダーを務める 自分の意見を整理して発信する 自ら進んで声掛けを行ない意思疎通を実行する	上長の補佐および部下の育成・指導を行う 新任者・一般職の育成を行う 心を開いて言い合えるような職場の雰囲気を創る 部下の意見に耳を傾け協働する
リスク管理 トラブル処理		サービス提供上のリスクマネジメントを行う 事業所の運営上の苦情解決を行う
企画立案		担当するチーム（部署）の事業計画の立案に参画する 中長期を見据え業務を遂行する

資格要件

初任者研修		
実務者研修		
介護福祉士	◎	◎
介護支援専門員		○
社会福祉士		○

階層	指導職	管理職(管理監督者)
等級	5等級	6等級
職位目安	主任	施設長・事務長
経年年数目安		
基本給	260000 308000	年俸制
イメージ	現場業務の責任者	部門全体の管理監督者 法人の視点に立つ
任用要件	十分な管理知識とリーダーシップを持って部門管理をし、部門間の調整能力がある	高度な管理・専門能力をもち、部門全体をまとめる。また経営層を補佐して法人全体のマネジメントを考える
法人職員として	事業所全体が、理念に沿った行動ができるように指導を行う 顧客・組織・部門の利益が出る仕組みを構築する 改善策・予防策を立てる	法人全体が、理念に沿った行動がとれるような仕組みを作る 法人が利益を出せる仕組みを構築する
判断と報連相 指揮・命令	事業所における裁量の範囲での判断と、管理職への報告・連絡・相談を行う 報告連絡相談の重要性をきちんと伝え報連相を徹底させる	部門の運営に関する判断と経営層への報告・連絡・相談を行う
業務遂行 責任・権限	担当するチーム(部署)の業務遂行に責任をもつ 担当するチーム(部署)に関しての定められた範囲での承認・決済権を有する 担当するチーム(部署)の運営が計画通りにいくよう指導・助言を行う 目標達成への管理を行う 法人の計画を理解し達成に向けて行動する	任命を受けた業務に関する達成に責任をもつ 担当部門の業績達成に責任をもつ 担当部門における高度な承認・決済権を有する 事業計画等に基づいた部門の運営 部門の目標を達成させ、法人全体の目標達成に貢献する
サービスの質の向上 業務改善/品質の向上	担当するチーム(部署)の安定経営のため事業と職員を統括する ニーズの変化を常に意識し業務改善を行なう	部門の安定経営のため事業と職員を統括する 長期的なビジョンを持ち、部門の事業を運営する
職員(上位・同僚・部下)対応	上長の補佐・代行および部下の業務遂行・勤怠等の管理を行う 部下の特性を理解し信頼関係を作る 部下の強み弱みを見極め、部下にあった指導を行う	部門全体の人材育成を行う 部門職員の総合的な管理を行う
リスク管理 トラブル処理	事業所の運営上のリスクマネジメントを行う リスクを意識し積極的に事業に取り組む	経営レベルのリスクマネジメント及び、苦情解決を行う
企画立案	担当するチーム(部署)の事業計画、予算の立案に参画する 法人全体の動きを見て、自部門の事業への反映を行う 費用対効果を常に意識して業務を遂行する	法人全体の中長期計画、年間事業計画、予算の立案に参画する 部門全体の事業計画、予算を立案する

資格要件

初任者研修		
実務者研修		
介護福祉士	◎	◎
介護支援専門員	○	○
社会福祉士	○	○

旧加算で介護職を優遇した結果、介護職の賞与だけが膨れ上がっているB株式会社

■ Ⅲ-① B株式会社の課題

　旧加算は、当初、直接利用者に介護を行う介護職にしか配分することができず、直接利用者に介護を行う介護職が配置されないサービス（単独の居宅介護支援事業所、訪問看護事業所、訪問リハビリテーション事業所、福祉用具貸与事業所等）にはまったく配分されませんでした。

　2019年に旧特定加算ができてようやく他職種にも配分できるようになりましたが、配分比率が決められており、また、配分のない事業所はそのままとされ、あくまで「介護職の処遇改善」という当初目的の達成のため、厳格に配分要件が決まっていました。改正により、算定対象事業所においては職種間配分の制限が解消されたものの、いきなり大幅に賃金総額を変更するわけにはいかず、介護職への過剰な配分が問題になっているケースも多く見受けられます。

　B社は、「処遇改善加算は補助金の一つで、解消される可能性もある」という制度の創設当初に寄せられた懸念をそのまま持っていたため、処遇改善加算を月額賃金に繰り入れるとこの加算が政府の都合で算定されなくなった場合に月額賃金が減ってしまうと考え、算定し始めた当初からずっと処遇改善分は賞与で支給してきました。

　その結果、介護職の賞与支給額が莫大なものになっており、他職種の職員から不満を持たれています。一方、賞与ですべて支給しているので他の介護事業所に比べ介護職の月額賃金が低く採用競争力に支障があり、新加算への改定をきっかけに少しでも是正していきたいと考えています。

Ⅲ-② 現状分析

　B社の現状分析データを**図表6-7・6-8**（次ページ以降参照）に示しました。
　介護職の職員と他職種の職員のデータを抽出してみると、一概に比較することは難しいですが、職種間でゆがみが生じ、介護職は賞与で大きな金額を支給して月額賃金が抑えられているのは明らかです。

氏名	職種	満勤続年数	基本給	月額給与合計	期末賞与	夏季賞与	冬季賞与	年収
E	介護	12	178,500	198,500	600,159	466,866	944,880	4,393,905
G	機能訓練指導員	5	216,900	260,400	195,210	452,000	474,600	3,964,610

賞与支給額に大きな開きが生じている　→　介護職　　　　2,011,905円
　　　　　　　　　　　　　　　　　　　　機能訓練指導員　1,121,810円

● 図表6-7 現状分析データ

社員番号	氏名	所属	役職	職種	現年齢	勤続年数	基本給	管理職手当	役職手当	職務手当	資格手当	住宅手当	扶養手当	給与合計
A		施設X		介護職	43歳	21年	202,500	0	0	20,000	0	25,000	0	247,500
B		施設X		事務職	57歳	21年	210,500	0	0	20,000	0	0	0	230,500
C		施設X		介護職・サービス提供責任	45歳	16年	208,500	0	2,000	20,000	0	1,000	43,000	274,500
D		施設X	責任者	介護職	36歳	15年	206,000	0	5,000	25,000	0	0	3,000	239,000
E		施設X		介護職	36歳	12年	178,500	0	0	20,000	0	0	0	198,500
F		施設Y	責任者	訪問介護職	53歳	8年	206,000	20,000	0	25,000	3,000	0	0	254,000
G		施設Y		機能訓練指導員	31歳	5年	216,900	0	0	20,000	0	23,500	0	260,400
H		施設Y		機能訓練指導員	32歳	4年	216,900	0	0	20,000	0	25,000	19,000	280,900
		施設Y		介護職	29歳	1年	151,000	0	0	10,000	0	21,500	0	182,500

事業所所在地；茨城県

三 旧加算で介護職を優遇した結果、介護職の賞与だけが膨れ上がっているB株式会社

● 図表6-8 個別の賞与データ

社員番号	氏名	所属	役職	職種	満年齢	満勤続年数	基本給	管理職手当	役職手当	職務手当	資格手当	住宅手当	扶養手当	給与合計
A		施設X		介護職	43歳	21年	202,500	0	0	20,000	0	25,000	0	247,500
B		施設X		事務職	57歳	21年	210,500	0	0	20,000	0	0	0	230,500
C		施設X		介護職・サービス提供責任	45歳	16年	208,500	0	2,000	20,000	0	1,000	43,000	274,500
D		施設X	責任者	介護職	36歳	15年	206,000	0	5,000	25,000	0	0	3,000	239,000
E		施設X		介護職	36歳	12年	178,500	0	0	20,000	0	0	0	198,500
F		施設Y	責任者	訪問介護職	53歳	8年	206,000	20,000	0	25,000	3,000	0	0	254,000
G		施設Y		機能訓練指導員	31歳	5年	216,900	0	0	20,000	0	23,500	0	260,400
H		施設Y		機能訓練指導員	32歳	4年	216,900	0	0	20,000	0	25,000	19,000	280,900
I		施設Y		介護職	29歳	1年	151,000	0	0	10,000	0	21,500	0	182,500
J		施設Y		訪問介護 一般	59歳	20年	202,000	0	2,000	25,000	0	0	0	229,000

Ⅲ-③ ヒアリング

ヒアリングは、次のような形で進めました。

Q： 介護職の処遇改善加算相当分に関して、法人の方針としては、年間の総支給金額が維持できれば必ずしも賞与で支給する必要はなく、給与（月額賃金）の支給としてよいでしょうか？退職金制度への影響等、注意することはありますか？

A： 今まで、処遇改善加算制度が変わったりなくなったりすることを懸念して、処遇改善加算を給与として支給することができなかった。職員も、本来は賞与より給与が高いほうがよいという意見が大半だったが、変更に踏み切れなかった。処遇改善加算が今後も安定的にある制度なのであれば、給与で支給したい。退職金制度は基本給と連動していないので、基本給が上がっても問題ない。

Q： 旧ベースアップ等加算で取得していないものもありましたが、新加算では最上位の区分を算定するのに問題はないですか？

A： 加算部分を職員に給与として配分することができておらず、旧加算の要件を満たせないものは算定できなかった。新賃金体系に改定して算定できるものがあれば問題なく算定していきたい。

通常支給	処遇改善	特定処遇改善	期末賞与計(4月)	通常支給	処遇改善	特定処遇改善	夏季賞与計(7月)	通常支給	処遇改善	特定処遇改善	冬季賞与計(12月)	年収給与合計+賞与
110,275	120,000	195,000	425,275	364,500	78,000	80,000	522,500	340,200	245,000	80,000	665,200	4,282,975
136,825	0	0	136,825	229,500	0	0	229,500	259,250	0	0	259,250	3,391,575
114,675	125,000	97,500	337,175	336,800	80,000	40,000	456,800	408,370	245,000	80,000	733,370	4,293,345
113,300	130,000	195,000	438,300	436,720	82,000	80,000	598,720	389,340	245,000	80,000	714,340	4,583,360
97,684	114,425	388,050	600,159	355,216	79,650	32,000	466,866	299,880	245,000	400,000	944,880	4,393,905
113,300	100,000	29,250	242,550	378,000	82,000	25,600	485,600	414,540	235,000	64,800	714,340	4,490,490
195,210	0	0	195,210	452,000	0	0	452,000	474,600	0	0	474,600	3,964,610
195,210	0	0	195,210	454,895	0	0	454,895	419,391	0	0	419,391	3,912,296
22,650	85,000	29,250	136,900	142,155	66,000	25,600	233,755	142,155	235,000	64,800	441,955	2,744,610
111,100	85,000	29,250	225,350	375,720	66,000	25,600	467,320	436,320	235,000	64,800	736,120	4,176,790

> Q： 介護職以外の職種と介護職との間で賞与配分に大きな差があり、年間所得でも大きな差が出ていますが、この差は解消したいですか？
> A： 採用競争力の低下も悩みの種となっているので、是非解消したい。
>
> Q： 職務手当はどのような基準で支給していますか？
> A： 低い基本給を補うために作った手当だが、管理者に特に厚くしているだけで仕事内容に応じた定義はない。

ヒアリングの結果、新たな賃金体系は次の方針とすることを確認しました。

> ・新加算への改定をきっかけに、今まで算定していなかった旧ベースアップ等加算なども含めて新加算で最上位の区分を算定できるようにする
> ・新加算の算定要件の一つである月額賃金改善要件を満たすため、月額賃金の配分を大きくする
> ・職種間格差については、新加算で増加する処遇改善加算を他職種へ優先して配分することで改善する

Ⅲ 旧加算で介護職を優遇した結果、介護職の賞与だけが膨れ上がっている B株式会社

これにより、月額賃金が増加して社員のモチベーションも上がり、また、採用競争力も高まると期待されます。

■Ⅲ-④　等級要件表の確認

B社には等級要件表があり、その内容は社員のモチベーションにとても配慮した、キャリアの階段が見えるようなものでした。

ところが、処遇改善加算をすべて賞与で支給してきたため月額賃金の昇給原資に乏しく、階段の段差が思うように作れていない状況でした。

そこで、微修正して給与の段差を作り、社員個人の格付けは移行前後で変わらない前提でシミュレーションを行いました。

■Ⅲ-⑤　賃金体系の検討

賃金体系としては、極めてシンプルに基本給＋役職手当＋資格手当をベースとし、ここに賞与で支給していた処遇改善加算の金額をプラスするシミュレーションを行いました。手当は、次のように整理しました。

・職務手当：管理者のみが高く新人は低く、というだけで担当する
　　　　　　仕事と連動していなかったため、基本給に統合
・管理職手当：定義をし直して統合後は新しい金額で処遇
・役職手当：定義をし直して統合後は新しい金額で処遇
・資格手当：定義をし直して、金額を設定

他職種に関しては、新加算の区分Ⅰを算定することを前提に、旧加算の金額と比べて増額となる分を優先的に割り当てることにしました。

さらに、処遇改善加算の配分に不公平のあった部分は、年収が下がり過ぎる職員が出ない範囲で公平感が出るよう、シミュレーションを行いました。

図表6−9　現行給与からの組換え過程（B社）

賞与

氏名	役職	通常支給	処遇改善A	特定処遇改善B	期末賞与計(4月)	職種	通常支給	処遇改善A	特定処遇改善B	満年齢	勤続年数	夏季賞与計(7月)	通常支給	処遇改善A	特定処遇改善B	冬季賞与計(12月)	処遇改善合計 C=A+B	14	C/14
A		110,275	120,000	195,000	425,275	介護職	364,500	78,000	80,000	43歳	21年	522,500	340,200	245,000	80,000	665,200	798,000		57,000
C		114,675	125,000	97,500	337,175	介護職、サービス提供責任	336,800	80,000	40,000	45歳	16年	456,800	408,370	245,000	80,000	733,370	667,500		47,679
D	責任者	113,300	130,000	195,000	438,300	介護職	436,720	82,000	80,000	36歳	15年	598,720	389,340	245,000	80,000	714,340	812,000		58,000
E		97,684	114,425	388,050	600,159		355,216	79,650	32,000			466,866	299,880	245,000	400,000	944,880	1,259,125		89,938

月額給与

				基本給	管理手当	役職手当	職務手当	資格手当	住宅手当	扶養手当	給与合計
A				202,500	0	0	0	0	0	25,000	247,500
C				208,500	0	2,000	20,000	20,000	1,000	43,000	274,500
D	責任者			206,000	0	5,000	25,000	25,000	0	3,000	239,000

【吹き出し注記】

- 基本給の階段ができるよう、従来の賞与部分から配分し直す
- 資格手当は専門職を考慮して新しく設定 新処遇改善加算のプラス部分を優先配分
- 職務手当は基本給へ
- 管理職手当と役職手当は統合して新役職手当へ

【右下注記】

① 処遇改善加算原資のものをすべて足した上で、月額賃金へ乗せられる部分を合計（C）を、余裕を見て12ではなく14で割り、いくら月額賃金へ配分すれば整合性が取れるかをシミュレーション
② 結果、一般職40,000円、リーダー以上45,000円を処遇改善手当として月額賃金で支給
③ 年額総支給が改定前後で下がらないように、処遇改善も一定部分は賞与原資として配分（従来特定で多くに支給していた職員は多く配分）

Ⅲ　旧加算で介護職を優遇した結果、介護職の賞与だけが膨れ上がっている　B株式会社

■Ⅲ-⑥　基本給レンジの決定と移行後の効果

　この結果、介護職は処遇改善加算を一人当たり平均で 40,000 円から 45,000 円程度月額賃金に回すことができ、各人別等級の範囲内にほぼ収まる形で格付けが可能となりました。介護職は賞与の金額が大幅に減ったものの月額賃金が高くなり、キャリアパスの階段もわかりやすくなってモチベーションが上がる結果となっています。

　他職種に関しても、新加算と旧加算の差額を優先配分したことにより、やはり一人当たり 40,000 円近い月額賃金の上昇を考えることができるようになりました。

　これにより、結果的に介護職と他職種の間の年収格差もほぼなくなりました。

　また、資格手当等を振り直したことで専門職の月額賃金の底上げが可能となり、介護職も資格取得を目指しやすくなりました。

Ⅳ 赤字体質の社会福祉法人Ｃ

■Ⅳ-① はじめに

　昨今、人件費が毎年上昇して人件費率も高止まりしている上に、施設の老朽化等に伴う修繕費用等も発生して、赤字化する事業所も多く見受けられます。このような事業所からは、収支の改善を相談されることも多くあります。また、Ｍ＆Ａで事業を売却する事案も増加しています。

■Ⅳ-② 現状分析

　社会福祉法人Ｃは、居宅介護支援事業所、デイサービス、訪問介護事業所を有し、地域包括支援センターの運営も任されている地域密着の小規模事業所です。

　古くからの賃金規程は改定されておらず、職種別の賃金表は毎年全員4号俸昇給となっています。賞与乗率もほぼ基本給と扶養手当の合計額の年間で4.5カ月分と決まっており、総額人件費率は80％を突破していました（部門によっては100％超）。

　ところが、職員は勤続年数が長い人ほど多く賃金をもらっていて危機感がありません。デイサービスの回転率が70％を切っても、居宅介護支援事業所のケアマネジャーの平均担当件数が一人当たり月30件を切っても、改善努力が見られません。

　処遇改善加算の算定状況は、介護福祉士の数が少なく、上位区分は算定できていませんでした。また介護事業所のサービスの質が一定以上であることを評価するサービス提供体制強化加算等も、上位区分が算定できていませんでした。

● 図表6-10　社会福祉法人C　現状分析データ

社員番号	氏名	所属	役職	職種	満年齢	満勤続年数	基本給	管理職手当	処遇改善	扶養手当	住宅手当	固定給合計
	A	事務局		事務職	23	1	180,000	0	0	0	0	180,000
	B	居宅	管理者	CM	53	20	326,900	13,100	0	6,500	0	346,500
	C	居宅		CM	53	17	305,800	0	0	0	0	305,800
	D	居宅		CM	61	11	247,600	0	0	0	0	247,600
	E	通所	管理者	介護職	45	15	269,100	10,800	20,000	11,500	0	311,400
	F	通所		看護兼介護	60	16	272,300	0	20,000	0	0	292,300
	G	通所		看護兼介護	46	5	237,000	0	20,000	0	0	257,000
	H	通所		介護職	52	4	211,700	0	20,000	0	0	231,700
	I	通所		介護職	38	3	200,200	0	20,000	22,000	0	242,200
	J	通所		介護職	45	3	200,200	0	20,000	0	0	220,200
	K	通所		介護職	29	1	180,000	0	20,000	0	0	200,000
	L	通所		ドライバー兼介護	51	30	340,000	0	20,000	13,000	0	373,000
				介護職	57	14	260,5		0		0	290,900

事業所所在地；秋田県

Ⅳ-③　ヒアリング

ヒアリングは、次のような形で行いました。

> Q：　現在運用している評価制度やキャリアパス、その他人事制度の基礎となるものは、どのくらい実効性がありますか？
>
> A：　現行制度は地方公務員の人事制度をベースにつくられていて、実態に合わない部分があってもどうやって変えればよいのかわからなかったので、見直さずにきた。
>
> そのため、評価制度は実質的に存在しない。キャリアパスも実質的にはなく、昇給は毎年全職員が一律に4号俸自動昇給し、役職に就けば自動昇格する仕組みとなっている。
>
> 賞与は、全員一律に基本給と扶養手当を合計した額を年に4.5ヵ月分支給している。加えて、処遇改善加算が付けばそのまま一時金として支給しており、法人独自の評価制度や賃金制度と言えるものはない。
>
> Q：　現状では介護報酬に付く加算がほとんど算定できていないので、体制の変更により収益が改善することが見込めますが、そのような体制を変更することは可能でしょうか？

> A： どうしたらよいのかわからないだけで、体制は変更したい。
>
> Q： 介護報酬を増やす取組み（各種加算等を積極的に取れる体制づくり、回転率等をあげる工夫など）を進めつつ、赤字脱却を図るために人件費の削減も必要となる可能性があるとお見受けします。人件費についての不利益変更は受け入れる余地がありますか？また、不利益変更は受け入れられないとなった場合、おそらく介護保険部門を存続させるのか否かという判断を迫られる覚悟が必要ですが、どうお考えですか？
> A： できれば介護保険部門は続けたい。理事会に意見を聞いてみたい。

　現状分析とヒアリングの結果、早く人件費の適正化を行わなければ給与の払出しができず、法人存続の危機にさらされるということが判明したので、まず単年度黒字化へ向け、プロジェクトチームを結成して対応（図表6－11）することになりました。

● 図表6-11 赤字から黒字への人件費適正化ステップ

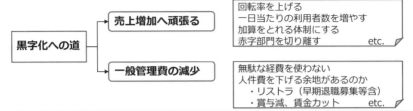

Ⅳ-④ 実際のプロジェクトの動き

賃金の組換えの前に行う、等級要件表を策定するまでのステップが特に重要と考え、プロジェクトチームがとった具体的な行動は、以下のとおりです。

Ⅳ-④-1 法人理事会への説明

・財務状況より、早急に人件費を改善しなければ法人が存続不能になる可能性を伝え、適正な人件費のもとで職員が働き続けられるようにするためには、相応の不利益変更は避け難いことをまず伝える。
・今後のプロトコール（手順）を説明した上、少なくとも賞与乗率を柔軟に設定できるように賃金規程の改定を行ってもらう。

Ⅳ-④-2 今後のプロトコールとは

・賞与支給について、理事会決定を受け、定率支給をやめ、管理者は業績に連動した支給方法に、一般職は一部を業績に連動した支給方法に変えて、各管理者に目標を持たせる。
・等級要件表（キャリアパス表）を新たに作成し、各等級の職務職責、および資格要件を明らかにする。
　　→　やる気のある職員を引き上げる仕組みを導入。
　　　　上位等級に上がるためには資格取得が必須となる仕組みを導入（介護職は2等級から3等級に上がるために介護福祉士の資格取得が必須など）
・賃金体系の整備
　等級別の上限金額を策定し、現在等級上限を超える基本給が適用され払出し過ぎとなっている職員には調整給を設定し、移行後も総支給額は変わらないようにした上で、最大5年をかけて解消する

Ⅳ-④-3 職員向け説明会実施（第1弾）

・法人の現況につき説明（図表6-12）
・リストラ等の人員削減は行わない代わりに、業績が回復するまでの期

● 図表6-12　C法人の収支表

事業	事業収入	事業支出	単体での収支
訪問介護事業	1,000	1,420 （うち人件費)**1,200**	△419 120%（人件費率）
通所介護事業	3,483	3,414 （うち人件費)**2,438**	68 70%（人件費率）
居宅介護支援事業	927	1,093 （うち人件費)960	△165 104%（人件費率）

令和●年度の訪問介護事業の事業収入を1,000とした時の各部門収支

Ⅳ　赤字体質の社会福祉法人C

限付きで賞与支給率等に関する不利益変更をお願いしたいということと、今後の予定を説明

Ⅳ－④－4 職員向け説明会実施（第2弾）

・キャリアパスの導入について、内容とともに説明
・賃金の組換え（調整給導入）を行い、キャリアパスと新しく定める基本給レンジによって賃金が決まる制度にすることを説明
・調整給の調整のしかた等、当面の総支給額は変わらないことと併せてシミュレーションを交えて説明
・法人の現況をしっかり説明して、不利益変更が避けがたいことへの理解を求め同意を得られるようお願いする。職員の納得がいくまで説明、同意書にサインをもらう。

　説明会の際は、**図表6－13**のような資料を用いて説明をするとともに、録画をしたものを法人内のイントラネットにアップして、シフトの都合で参加できない職員にも伝わるようにしました。全員が説明を聞いたことが確認できるよう、録画を視聴した場合は報告書の提出も求めました。また、個別に移行前後でどのように処遇が変化するかを説明し、質疑応答に応じることで一人ひとりの職員から移行について理解した上で同意してもらえるように努めました。

★ 図表6-13　説明会資料（抜粋）

本日の説明会の内容

1. 今回の人事制度変更の目的
2. 当法人におけるキャリアパスとは？
3. キャリアパスにおける等級要件の詳細
4. 当法人における給与体系
5. キャリアパスおよび給与の実際の運用
   （昇給昇格の仕組み）
6. キャリアパス運用にあたっての注意
7. 移行にあたって
8. 評価スケジュール/評価体制
9. キャリアパス実施にあたっての注意点

2. 当法人におけるキャリアパスとは

キャリアパスとは～　（厚生労働省定義）
職位・職責・職務内容に応じた任用要件と賃金体系を明確にすること
→　自分がどこの階層にいて、将来どうなっていくのかが分かりやすくなる

添付資料①のキャリアパス表をご覧ください

・各自の等級は等級要件表（キャリアパス表）によって決定します

・キャリアパスによって、等級要件を決定し、その等級の賃金テーブル　（俸給表）で基本給を決定します。その等級の俸給表の上限の金額まで昇給した場合は、それ以上の昇給はなくなります。キャリアパス上の上位等級に昇格すれば、また昇給していきます

・今回の給与改定における賃金移行に関しては、職員全員に不利益のないように配慮します

賞与については、今までの固定の月数の方式から、業績に見合った支給方法に変更します
（当面3年間の期限付き）
ただし、一般職の職員については最低保障の基本給連動月数があります

Ⅳ　赤字体質の社会福祉法人C

4. 当法人における給与体系

資料②；基本給テーブルをご覧ください

給　与			
	固定的手当	超過勤務手当	月次変動手当 臨時的手当
基本給	役職手当	時間外勤務手当	通勤手当
	資格手当	休日勤務手当	
	住居手当	深夜勤務手当	
	扶養手当		
	処遇改善手当		

キャリアパスが導入されます
等級別のテーブルに従って
給与が決定します

手当の支給要件等は基本的に変更ありません
処遇改善加算は、基本給の一部（昇給原資含む）、
処遇改善手当、および賞与（一時金）の一部として
支給されます

6. キャリアパス運用にあたっての注意

Q1．毎年の昇給はどのようにして決まりますか？
　A．現在法人で行っている評価表により、各職員の属する等級の賃金テーブルに当て
　　　はめ、標準B評価で2号俸昇給します（別途評価の仕組みをご覧ください）
　　　（A評価3号俸、C評価1号俸、D評価昇給無または降給）
　　　号俸表の上限の金額まで行った場合は、評価に関わらず昇給しません
　　　→　移行時にその等級の上限金額より現在の基本給金額が高い場合は、
　　　　　上限額との差額を、調整給として支給します

Q2．1等級⇒2等級等の昇格はどのようにして決まりますか？
　A．評価表による上司評価とキャリアパスの任用要件（資格取得を含む）および
　　　面接によって決まります
　　　昇格要件表を使います

Q3．移行時に調整給が付いた場合は、調整給の扱いについてはどのように
　　　なりますか？
　A．調整給は、今回の移行の調整のためについたもので、定年まで保証されるもの
　　　ではありません。来年の昇給決定時に、昇格していない場合は、漸減していきます
　　　　※毎年最大1万円ずつ、調整給がなくなるまで減額します
　　　　　最大5年で、5年目に1万円より残額が多い場合は、一括償却します
　　　　　（ただし、総支給の10％を超える減額はしません）

Ⅳ-④-5　制度改定実施

　新たにキャリアパス基準（**図表6-14**）を策定して、上位等級に上がるためにはどんな資格を取得しなければならないかを明らかにしました。

　また、基本給テーブル（**図表6-15**）を作成するとともに各等級の基本給に最高号俸を設定し、最高号俸に達した場合は原則昇等級しない限り昇給せず、人件費が膨らみ続けることがない仕組みへと見直しました。賞与は、一律支給をやめて業績に連動させることで各部門の管理者に仕事の効率を意識するよう促しました。

　さらに、賃金規程（**図表6-16**）では処遇改善加算を基本給の一部として支給することを明らかにしました。

図表6-14 キャリアパス基準

社会福祉法人G　キャリアパス基準　　　　　　　　　　　　　　　　　　　　　　【介護保険事業部門】

1 等級

等級	1等級	2等級	3等級	4等級	5等級
等級要件	指導を受けながら日常的な業務を行う	自立して日常業務ができる	介護技術に優れたものを持ち、チームの介護ができる／リーダーシップを持って管理者を補佐できる	リーダーシップを持って部間管理ができる／部門間の調整能力がある	全体のマネジメントを考え、介護保険部門をまとめることができる
職位・職階イメージ	入職～試用期間～初任（経験年数4年未満）	経験年数4年以上程度	経験年数10年程度以上　サービス提供責任者クラス	管理者、主任クラス	施設長、所長クラス

2 資格要件

	1等級	2等級	3等級	4等級	5等級
国家資格			◯	◯	◯
福祉上級資格		◯	◎	◎	◎
初任者研修修了	◎				

国家資格：看護師、保健師、管理栄養士、准看護師
福祉上級資格：介護支援専門員(CM)、社会福祉士、精神保健福祉士

3 号俸額（基本給）

	1等級	2等級	3等級	4等級	5等級
初号俸	170,000	193,400	216,600	245,600	281,600
最高号俸	205,400	240,600	275,600	334,100	429,100

※処遇改善加算は当該部署の職員に対し、20,000円から30,000円の支給を行う（別途理事会決定事項）

4 昇給要件

部門Aの場合の昇給は、評価Aの場合のみ1号俸とする
部門黒字の場合は、原則以下に従って行う
A：80点以上／B：60点以上80点未満（標準）／C：50点以上60点未満／D：50点未満

人事考課昇格					
昇給幅（1号俸）	600	800	1,000	1,500	2,500
標準昇給号俸	2	2	2	2	2
最高昇給号俸	3	3	3	3	3
昇給上限	60号俸	60号俸	60号俸	60号俸	60号俸
昇給号俸 評価A	3号俸	3号俸	3号俸	3号俸	3号俸
評価B	2号俸	2号俸	2号俸	2号俸	2号俸
評価C	1号俸	1号俸	1号俸	1号俸	1号俸
評価D	昇給なし	昇給なし	昇給なし マイナス1号俸	昇給なし マイナス1号俸	昇給なし マイナス1号俸

※評価Dの場合は、一つ下の階層での評価替えを行うこと
※評価による昇級号俸は参考まで（昇給原資が確保できた場合の昇給号俸とする）

5 昇等級要件

1. 規定された資格を取得していること
2. 同一等級に3年以上（標準4年）在職していること（休職・育児休業等の期間を除く）
3. 直近2年の人事考課がすべてB以上であること
4. 心身、人格ともに次等級の職責にふさわしいこと
5. 1～4のすべてを満たしたときに、理事長が昇等級を判断する

6 降等級要件

1. 直近2年の人事考課がすべてC以下であること
2. 直近の人事考課がDであること
3. 職責/等級要件が果たせていないこと
4. 1～3のいずれかの要件にあてはまったときに、理事長が降等級を判断する。

7 職員の資質向上に対する研修等

初任者研修	実務者研修	介護支援専門員研修	マネジメント研修	上級マネジメント研修
新入職社員研修		サービス提供責任者研修		
		専門研修（認知症、リハビリ等）		
		リーダーシップ研修		
		倫理研修（虐待、ハラスメント等）		
	実地知識向上研修（感染症、レクリエーション、等）			

8 賞与支給に関する経過措置（令和●年度より3年間）その後実績により見直し

賞与は、法人の部門実績による処遇改善加算の余剰分については、算定該当部署の職員に対し、別途支給する

居宅介護支援	6月、12月、3月の3回支給	6月・12月・3月の3回支給
訪問介護	6月、12月は固定：赤字部門は基本給の1カ月分支給	6月・12月0.7ヵ月分保障 各回とも実績連動
通所介護	3月：業績連動 赤字部門は原則支給なし、黒字部門は部門利益の35％限度	3月業績連動 （赤字部門は支給なし）
【包括支援センター】	予算どおりの支給	予算どおりの支給

IV 赤字体質の社会福祉法人C

● 図表6-15　基本給テーブル

	1等級	2等級	3等級	4等級	5等級
	600	800	1,000	1,500	2,500
1	170,000	193,400	216,600	245,600	281,600
2	170,600	194,200	217,600	247,100	284,100
3	171,200	195,000	218,600	248,600	286,600
4	171,800	195,800	219,600	250,100	289,100
5	172,400	196,600	220,600	251,600	291,600
6	173,000	197,400	221,600	253,100	294,100
7	173,600	198,200	222,600	254,600	296,600
8	174,200	199,000	223,600	256,100	299,100
9	174,800	199,800	224,600	257,600	301,600
10	175,400	200,600	225,600	259,100	304,100
11	176,000	201,400	226,600	260,600	306,600
12	176,600	202,200	227,600	262,100	309,100
13	177,200	203,000	228,600	263,600	311,600
14	177,800	203,800	229,600	265,100	314,100
15	178,400	204,600	230,600	266,600	316,600
16	179,000	205,400	231,600	268,100	319,100
17	179,600	206,200	232,600	269,600	321,600
18	180,200	207,000	233,600	271,100	324,100
19	180,800	207,800	234,600	272,600	326,600
20	181,400	208,600	235,600	274,100	329,100
21	182,000	209,400	236,600	275,600	331,600
22	182,600	210,200	237,600	277,100	334,100
23	183,200	211,000	238,600	278,600	336,600
24	183,800	211,800	239,600	280,100	339,100
25	184,400	212,600	240,600	281,600	341,600
26	185,000	213,400	241,600	283,100	344,100
27	185,600	214,200	242,600	284,600	346,600
28	186,200	215,000	243,600	286,100	349,100
29	186,800	215,800	244,600	287,600	351,600

	1等級	2等級	3等級	4等級	5等級
	600	800	1,000	1,500	2,500
30	187,400	216,600	245,600	289,100	354,100
31	188,000	217,400	246,600	290,600	356,600
32	188,600	218,200	247,600	292,100	359,100
33	189,200	219,000	248,600	293,600	361,600
34	189,800	219,800	249,600	295,100	364,100
35	190,400	220,600	250,600	296,600	366,600
36	191,000	221,400	251,600	298,100	369,100
37	191,600	222,200	252,600	299,600	371,600
38	192,200	223,000	253,600	301,100	374,100
39	192,800	223,800	254,600	302,600	376,600
40	193,400	224,600	255,600	304,100	379,100
41	194,000	225,400	256,600	305,600	381,600
42	194,600	226,200	257,600	307,100	384,100
43	195,200	227,000	258,600	308,600	386,600
44	195,800	227,800	259,600	310,100	389,100
45	196,400	228,600	260,600	311,600	391,600
46	197,000	229,400	261,600	313,100	394,100
47	197,600	230,200	262,600	314,600	396,600
48	198,200	231,000	263,600	316,100	399,100
49	198,800	231,800	264,600	317,600	401,600
50	199,400	232,600	265,600	319,100	404,100
51	200,000	233,400	266,600	320,600	406,600
52	200,600	234,200	267,600	322,100	409,100
53	201,200	235,000	268,600	323,600	411,600
54	201,800	235,800	269,600	325,100	414,100
55	202,400	236,600	270,600	326,600	416,600
56	203,000	237,400	271,600	328,100	419,100
57	203,600	238,200	272,600	329,600	421,600
58	204,200	239,000	273,600	331,100	424,100
59	204,800	239,800	274,600	332,600	426,600
60	205,400	240,600	275,600	334,100	429,100

● 図表6-16　賃金規程（抜粋）

（基本給）
第○条　正職員の基本給は、職種ごとに別表1および別表2に定めるとおりとし、本人の職務内容、職務遂行能力等を考慮して別途定めるキャリアパス基準（介護職・専門職）に従い各人ごとに決定する。
　2　短時間正職員の基本給は、本人の職務内容、職務遂行能力等を考慮して、正職員と同様の格付けを行い、別表1および別表2に従うが、所定労働時間の減少時間数に比例して正職員より減額して支給する。
　3　契約職員の基本給は、正職員の決定方法に準じて個別に決定し、労働契約書に明記する。
　4　パート職員の基本時給は、パート職員の職務内容および経験等を考慮し、個別に決定し、労働契約書に明記する。
　5　基本給には、介護報酬等による「（福祉）介護職員等処遇改善加算」による賃金改善額が含まれるものとする。

（処遇改善一時金）
第○条　本章に規定する賞与とは別に、法人は、介護報酬による「（福祉）介護職員等処遇改善加算」による賃金改善のため、処遇改善一時金を支給することがある。
　2　前項の一時金の支給時期、支給対象者および支給額については、当該加算の算定基準に基づき、その都度決定する。

（処遇改善加算等）
第○条　介護保険制度等による「（福祉）介護職員等処遇改善加算」については、基本給の一部（昇給分含む）、処遇改善一時金として支給する。

> 2 介護保険制度等の改正があった場合、前項の支給については、変更がなされるものとする。
>
> (調整手当)
> 第○条 給与規程改定の際、従前の給与と大きな差額が生じる場合、職員に差額分を調整給として支給する場合がある。
> 2 調整手当は、一年度で、10,000円を限度に漸減してくものとする。調整手当支給開始時より5年経過後に至ってもなお調整不能な金額については、5年経過時に10,000円を超える部分も含めて減額するものとする。

■ Ⅳ－⑤ プロジェクト実行の結果

　プロジェクトを進めた結果、C法人は1年目で赤字部門と黒字部門とが拮抗するところまで財務状況が改善し、2年目には全部門で黒字化を達成しました。一旦減額した賞与も、2年目からは以前より多く支給できるようになった部署もあります。職員も、諸々の工夫をして前向きに仕事をしている様子です。

Ⅳ－⑤－1 賞与体系の変化

　利用者の回転率、訪問件数、担当件数など、所定労働時間内にやるべきことをきちんとやることで介護報酬が増大し、それがみんなの賞与原資になるという仕組みを導入したことで、今まで意識したことがなかった仕事の効率を、まず管理者が意識するようになりました。
　初年度は総額人件費率が100％を超えていた訪問介護の部門が、訪問件数を意識するようになったことで、翌年度には20％以上改善しました。デイサービスの利用者数も、増加させるために何をしたらよいのかを真剣に考えるようになったことにより、大きく増加しました。さらに翌々年度には、居宅介護支援事業所の職員の平均担当件数が安定的に月

35件を超え、全部門黒字化を達成しました。

　利用者の回転率、訪問件数、担当件数などの数値管理は現在も継続しており、事業所によってはプロジェクト以前よりも高い賞与を支給できるようになったところもあります。

Ⅳ－⑤－2　キャリアパスの運用と各等級の上限金額設定

　プロジェクト以前は、年功賃金が増大する一方で資格もなく職責も持たせられず、兼務も拒否していたデイサービスのドライバーは、キャリアパスを導入したことで等級が下がり（2等級、等級上限240,000円）、制度改定に伴う調整給が付くこととなりました。改定後も資格等を取得することなく、この状態を本人が変えたくないと希望しているため、5年かけて調整給を解消する予定です。

　その他の調整給が付いた職員については、資格取得にチャレンジしたりすることで昇格し、基本給がアップして調整給を解消するに至っています。

Ⅳ－⑤－3　キャリアパスへの資格要件導入

　新たに作成したキャリアパスに資格要件を入れたことで、無資格者の等級がダウンしました。この結果、無資格者の資格取得へ弾みがつき、サービス提供体制強化加算等が算定できるようになり、介護報酬がアップしました。もちろん、処遇改善加算も上位区分を算定できるようになりました。

第7章
職場環境等要件を満たすための「生産性向上」の進め方

I 「生産性向上」に関する介護事業者の誤解

　「生産性向上」と言うと、ICT化や業務改善、効率化を進めることが求められ、難しいことをしなくてはならないと思う人が少なくありません。

　2025年度以降、介護職員等処遇改善加算では職場環境等要件として「生産性向上」に関する取組みの実施が求められることとなりますが（図表7-1）、この点を難しく捉えて、介護ロボットや見守りセンサー、インカム、介護記録ソフトなど、高額な設備投資が必要になると、上位区分の区分Ⅰおよび区分Ⅱを算定することを諦めて、区分Ⅲまたは区分Ⅳを算定するという声も聞きます。特に小規模事業者はハードルが高いと捉えがちです。

　なお、第1章Ⅵのとおり2025年度は職場環境等要件について特例措置が講じられることとなりましたので、要件を満たすための準備期間に余裕が生まれました。介護職員等処遇改善加算を最大限活用するためにも、是非とも本章を読んで取り組んでいただきたいと思います。

● 図表 7 − 1

介護職員等処遇改善加算の職場環境等要件（令和7年度以降）

介護職員等処遇改善加算Ⅲ・Ⅳ　：以下の区分ごとにそれぞれ1つ以上（生産性向上は2つ以上）取り組んでいる
介護職員等処遇改善加算Ⅰ・Ⅱ　：以下の区分ごとにそれぞれ2つ以上（生産性向上は3つ以上及び又は迅速は改須）取り組んでいる

区分	具体的内容
入職促進に向けた取組	①法人や事業所の経営理念やケア方針・人材育成方針、その実現のための施策・仕組みなどの明確化 ②事業者の共同による採用・人事ローテーション・研修の実施 ③他産業からの転職者、中高年齢者等、経験者、有資格者等にこだわらない幅広い採用の仕組みの構築（採用の実施でも可） ④職業体験の受入や地域行事への主催等による地域行事への参加等による地域への貢献又は地域発信の実施
資質の向上やキャリアアップに向けた支援	⑤働きながら介護福祉士取得を目指す者に対する実務者研修受講支援や、より専門性の高い介護技術を取得しようとする者に対するユニットリーダー研修、プチキャリアアップ研修、喀痰吸引、認知症介護に関する研修等の受講支援、中堅職員に対するマネジメント研修の受講支援等 ⑥研修の受講やキャリアパス段階に関する面談の実施 ⑦エルダー・メンター（仕事や悩みの面接等のサポート等をする担当者）制度等の導入 ⑧上位者・担当者等によるキャリア面談など、キャリアアップ・働き方等に関する定期的な相談の機会の確保
両立支援・多様な働き方の推進	⑨子育てや家族等の状況に応じた両立を目指す者のための休業制度等の充実、事業所内託児施設等の整備 ⑩職員の事情に応じた勤務シフト・短時間正規職員制度等の導入、職員の希望に即した非正規職員から正規職員への転換の制度等の整備 ⑪有給休暇を取得しやすい雰囲気、取り組やすい雰囲気の醸成、有給休暇の取得促進、身体又は上司等への積極的な声かけや働き方等に関する定期的な声かけ等の実施 ⑫有給休暇の取得促進を定期的に確認し、又は上司等からの積極的な声かけ等により、●回数目、有給休暇の取得日数を年に●%以上を取得、業務配分の偏りの解消等を行っている
腰痛を含む心身の健康管理	⑬夜勤や交替制勤務者の労働時間短縮のための計画的な取組の実施 ⑭短時間勤務者の受診可能な健康診断、ストレスチェックや職員向け相談窓口の設置等の健康管理等対策の実施 ⑮介護職員の身体の負担軽減のための介護技術等の修得及び研修、職員介護技術等腰痛予防、管理者による腰痛対策の研修等の実施 ⑯ICT・トラブル等への対応マニュアル等の作成等の体制の整備
生産性向上（業務改善及び職場環境改善）のための取組	⑰厚生労働省が作成している「生産性向上ガイドライン」に基づき、業務改善活動の体制構築（委員会やプロジェクトチームの立ち上げ又は外部の研修会の活用等）を行っている ⑱現場の課題の見える化（課題の洗い出し、整理・整頓・清掃・清潔・躾の5Sをとっちとの）等の実施による現場の業務内容の整理等を行っている ⑲5S活動（業務管理の手法の一つ。整理・整頓・清掃・清潔・躾）等の実施による現場環境の整備等を行っている ⑳業務手順書の作成（記録、情報共有、連絡様式等の工夫等による事務共有や必要な情報の整理等を行っている ㉑介護ロボット（記録、見守り支援、移乗支援、排泄支援、入浴支援、介護業務等）又はインカム等の職員間の連絡調整の迅速化に貢献するICT機器（ビジネスチャットツール含む）の導入 ㉒業務内容の明確化と組み分けを行い、いわゆる介護助手等の活用や外注等で担当し、役割の見直しによる介護職員が本来業務に集中できる環境を整備、特に、間接業務（食事等の準備片付け、清掃、ベッドメイク、調理等）がある場合は、いわゆる介護助手等の活用や外注等で担当し、役割の見直しによる介護職員が本来業務に集中できる環境改善）を行う ㉓各種委員会の共同設置、各種指針・計画等の共同策定、協働化の共通化、協働化を実施している場合は、共同で行うICTインフラの整備、人事管理システム等の整備、物品の共同購入、共同で行う研修の実施 ㉔福利厚生システム等の利用推進加算を取得している場合については、次の取組を実施すること。⑳の取組を実施（生産性向上（業務改善及び職場環境改善）のための取組）の要件を満たすものとする ※小規模事業者は、㉔の取組を実施していることで、生産性向上（業務改善及び職場環境改善）のための取組の要件を満たすものとする
やりがい・働きがいの醸成	㉕ミーティング等による職場内コミュニケーションの円滑化による個々の介護職員の気づきを踏まえた勤務環境やケア内容の改善 ㉖地域包括ケアの一員としてのモチベーション向上に資する、地域の児童・生徒や住民との交流機会の提供 ㉗利用者本位のケア方針など介護保険法の理念等を定期的に学ぶ機会の提供 ㉘ケアの好事例や、利用者やその家族からの謝意等の情報を共有する機会の提供

新加算Ⅰ・Ⅱにおいては、情報公表システム等で職場環境等要件の各項目ごとに具体的な取組内容の公表を求める

（出典）厚生労働省介護職員の処遇改善加算サイト「一体化詳細説明資料（実務担当者向け）」

1　「生産性向上」に関する介護事業者の誤解　227

Ⅱ 職場環境等要件としての生産性向上は難しくない

■Ⅱ-① 職場環境等要件として求めているのは7つの業務改善

　しかし、職場環境等要件として求められている生産性向上は、厚生労働省が公開している『介護サービス事業における生産性向上に資するガイドライン』で示されている7つの業務改善を順番に進めることを求めているだけです。その点に気づくと、安心して上位区分を算定できると

● 図表7-2　業務改善として取り組むべき内容

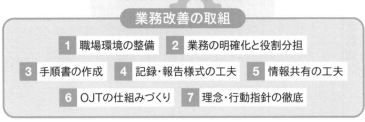

（出典）厚生労働省「介護サービス事業（施設サービス分）における生産性向上に資するガイドライン」

228　第7章　職場環境等要件を満たすための「生産性向上」の進め方

思います。また、法人で事業所が1カ所しかない小規模事業者には特例がありますし、介護施設等では、2024年度介護報酬改定で創設された生産性向上推進体制加算を算定することで、生産性向上の要件を満たすという特例もあります。

そこで、まず「業務改善のプロセスを順番に進める」とはどういうことかを確認します。

■ Ⅱ-② 業務改善行動と職場環境等要件の関係

職場環境等要件のうち、生産性向上に関するものは次の8つです。法人で事業所が1カ所しかない小規模事業者は特例として、㉔の要件を満たすだけで足ります。

⑰ ガイドラインに基づき、生産性向上委員会、プロジェクトチームを作ること	アナログな方法で行っている業務プロセスの見直し
⑱ 課題分析	
⑲ 5S活動	
⑳ 業務標準書	
㉑ 介護記録ソフト	ICT化
㉒ 介護ロボット	
㉓ 介護助手	役割分担による業務改善
㉔ 委員会の共同設置等	

これを業務改善のプロセス（図表7-3）に照らし合わせてみましょう。

● 図表7-3　業務改善に向けた改善行動のステップ

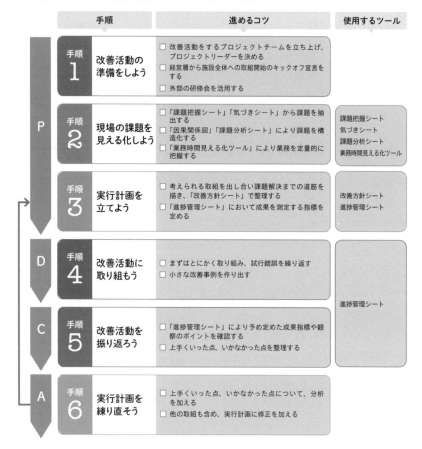

（出典）厚生労働省「介護サービス事業（施設サービス分）における生産性向上に資するガイドライン」

　業務改善のプロセスは、上記のうち⑰から⑲が主な内容です（進め方はⅢで詳しく解説）。この⑰から⑲に取り組むことで、処遇改善加算の上位区分の算定要件である3つの実施がクリアできます。

　しかも、⑲で整理、整頓した内容を業務標準書に落とし込むことで、⑳が達成できます。課題解決にICT化が有効と判断されれば、㉑から㉒に該当することになります。これらを整理したものが次の図表です。

● 図表7－4

ガイドラインと職場環境等要件、生産性向上加算の関連性

ガイドライン	職場環境等要件	生産性向上加算Ⅱ	生産性向上加算Ⅰ
活動の準備	⑰、委員会、プロジェクトチーム	←	←
課題の見える化	⑱、課題分析	←	←
実行計画	⑲、5S活動 ⑳ 業務標準書 ※アナログプロセスの見直し		
改善活動の実施	㉑、介護記録ソフト ㉒、介護ロボット	介護機器の導入 ・見守りセンサー・インカム・介護記録ソフトのいずれか1つ以上	介護機器の導入 ・見守りセンサー・インカム・介護記録ソフトの全て
振り返りと見直し	㉓、介護助手		職員の役割分担の明確化
※ 成果報告	なし	実績データ報告 ・利用者満足度・勤務時間調査・有休取得調査	実績データ報告 ・利用者満足度・勤務時間調査・有休取得調査・職員の心理的負担調査・機器導入による勤務時間調査

（出典）厚生労働省社会保障審議会介護給付費分科会（第223回）資料

Ⅲ 5Ｓ活動による生産性向上の進め方

■Ⅲ-① 生産性向上委員会を編成して現場の課題解決に必要なことを見極める

　ICT化に取り組んでペーパーレス化を進めている介護現場でも、まだまだ紙の書類での業務が残っているのが現実です。
　例えば、介護施設における排泄表、食事表、入浴表です。導入されたシステムが現場の業務の流れに沿っていない部分があることが原因です。介護現場は依然として導入以前のオペレーションで動いていて、システムは部分的にしか使われていないケースが多くあります。現場のスタッフからは、紙のほうが一覧性が高く見やすい、使いやすいという声も聞かれます。
　せっかく導入したシステムが十分に機能しない原因は、ICTの導入プロセスに現場の声が反映されず、上からの押し付けに近い形での導入であるからです。現場の課題を分析して、要所要所に必要なICT機器やプログラムを入れていく必要があります。そうしないと、ただICT機器が入っているだけで現場では誰も使ってないという状況になるわけです。

■Ⅲ-② トップが率先して生産性向上に取り組む

　まず、一番重要なのはトップの強い意志決定です。トップが率先して生産性向上に取り組む意志を明確にして、その実現をコミットメントすることからスタートします。その後も、進行状況について確認するなど、トップ自らが先導することが重要です。

その上で、現場の職員を含めた生産性向上委員会を編成します。
　現場の声を聞き、かつ現場の課題を分析して問題点を把握するために編成するのが、生産性向上委員会です。ここで介護現場の課題を見える化し、解決方法を検討します。

Ⅲ－③　現場の課題を見える化する

　生産性向上委員会では、まず介護現場の課題や意見などをピックアップします。このとき、中途半端な妥協は厳禁です。底の底まで掘り下げて、現場の問題点を根こそぎピックアップすることが重要です。その際、問題点として探すべきは３Ｍ（無理、無駄、ムラ）です。業務中に起こり得る、無理、無駄、ムラを、徹底的に排除します。
　どんなものが３Ｍに当たるかは、下記の例を参考にしてください。

◎　業務上の無理
・経験の少ない職員に、いきなり一人で夜勤を担当させる
・体重80キロの男性利用者の移乗介助を女性一人でやらせる

◎　業務上の無駄
・利用者を自宅に送った後で忘れ物に気づき、もう一度自宅に届ける
・バイタルチェックを、メモ、紙、一覧表、パソコンと、何度も転記している

◎　業務上のムラ
・担当者によって作っている書類や作業プロセスが異なる
・各担当者が自己流で仕事をやっている
・曜日によって職員の配置人数が異なり、人数の少ない忙しい日は汗だくで業務をやっている
・記録の付け方について説明も研修も行っていないので、職員独自のやり方がまかり通っている

Ⅲ　５Ｓ活動による生産性向上の進め方

● 図表7−5

各要素の概要と介護現場における事例

要素	概念図 / 概要	介護現場における事例
ムリ	設備や人材の心身への過度の負担	キャリアの浅い職員がいきなり一人で夜勤になる 体重80kgの男性利用者のポータブル移乗を女性の介護職員1人で対応する
ムダ	省力化できる業務	利用者を自宅に送った後、忘れ物に気づき、もう一度自宅に届ける バイタルなどの記録を何度も転記している
ムラ	人・仕事量の負荷のばらつき	手順通りに作業する職員と自己流で作業する職員、状態に応じて介助する職員がいる 曜日によって、夕食の食事介助の介護スタッフ数がばらつき、食事対応に差が生じる 介護記録の研修もなく、記載の仕方が職員によってマチマチで正確に情報共有がなされない

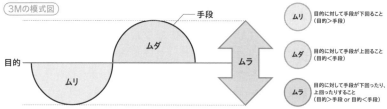

(出典) 厚生労働省「介護サービス事業（施設サービス分）における生産性向上に資するガイドライン」

介護現場では、これらのような3Mが日常的に発生しています。例えば、次のように発生する原因から考えると、これらをなくすための改善策が見えてきます。

無理、無駄、ムラの原因
① 戸惑い：自分では判断がつかずに悩んだり、思いあぐねたりすること
　→ 手順や仕事のやり方が一目でわかるようにしておく
② 間違い：ミスなどから、仕事をやり直すこと
　→ 正しいものを選択できるようにする
③ 思い出し：久しぶりに行う業務を思い出しながら行うこと
④ 探す：書類などがどこにあるかわからず、探すこと
　→ 誰でもわかるように、整然と並べて表示する

● 図表7-6　5Sに取り組む目的

5Sの定義

戸惑い、間違い、思い出し、探すを減らして、仕事のバラツキを排除。
仕事を安定化させる

　成果の見える化を行う
　　・写真で　ビフォー　アフターを示す
　　・グラフ化などで進行確認、進行管理、資料化

Ⅲ　5S活動による生産性向上の進め方

なお、生産性向上を追求する委員会のやり方に３Ｍがあっては本末転倒です。委員会のメンバーの負担を最小限にする方法を選択しましょう。例えば、職員のインタビューにZOOMなどのテレビ電話システムを活用する。ヒアリングをChatworkやLINEWorks、サイボウズといったビジネス・チャットツールやグループワークを活用して行う、などです。これらのシステムを使うことで、質問者と回答者が、相手の時間を気にせずにやり取りができます。また、会議やインタビューにおいてAIによる文字起こし機能を搭載したICレコーダーを使うことで、書記担当の配置や議事録の作成が圧倒的に改善されます。

■Ⅲ－④　実行計画を立てる

　明らかにした問題点への対応をどうしていくのか、改善するための行動計画を検討します。
　仕事のやり方をシンプルにして、バラツキをなくすことで時間的に余裕ができ、現場の生産性が向上します。この時に大事なのは、取り組んだ成果の見える化です。
　例えば、整頓前の、書類などが散乱して雑然とした机の上の写真を撮っておきます。次に、改善後の机の上の写真を撮ります。この２つの写真を並べることで、どのように変わったのか、誰でも理解できます。物品庫の雑然としてバラバラに物が置かれている様子と、整頓後の様子を写真で比べます。
　このように、写真でビフォーアフターを示すことが大切です。また、グラフ等を使って進行状況を時系列に確認することで、誰が見ても改善が進んでいることを実感できます。

● 図表7-7　5Sの進め方

5S（整理・整頓・清掃・清潔・躾）の徹底・繰り返しにより、組織の業務プロセスとして習慣化することが重要

要素	概要	介護現場における事例
整理	要るものと要らないものをはっきり分けて、要らないものを捨てる	保存年限が超えている書類を捨てる
整頓	三定(定置・定品・定量) 手元化(探す手間を省く)	紙オムツを決まった棚に収納し(定置・定品)、棚には常に5個(定量)あるような状態を維持し、取り出しやすく配置する(手元化)
清掃	すぐ使えるように常に点検する	転倒防止のために常に動線上をきれいにし、水滴などで滑らないようにする
清潔	整理・整頓・清掃(3S)を維持する 清潔と不潔を分ける	3Sが実行できているかチェックリストで確認する 使用済みオムツを素手で触らない
躾	決められたことを、いつも正しく守る習慣をつける	分からないことがあったとき、OJTの仕組みの中でトレーナーに尋ねることや手順書に立ち返る癖をつける

Ⅲ-⑤　改善行動に取り組む

Ⅲ-⑤-1　取り組むための準備をする

　最初に、介護現場の日常業務フローを時間軸ごとに分割し、各業務パートで使われている管理書類、機材、配置職員数などの現状を一覧表などに取りまとめ、問題点、書類の重複状況、担当者の独自書類の有無について、現場職員のインタビューを通して課題の確認を行っていきます。チェック時に、不要なもの、不要と思われるものは、赤タグやシールを貼って分類します。

　次に、そのプロセスの中で存在する紙の書類を確認します。作業を進めるに従って、職員が独自に作っている書類が多かったり重複する書類が多いことに驚いたりすると思います。また、必要な書類が作成されていないことが判明することもあるでしょう。

確認が終わったら、これらを必要なもの、不必要なもの、長期間使わないものの3つに選別します。例えば、赤タグを付けることで分類して、廃棄するものと、長期保管場所に移すものを仕分けします。

● 図表7－8　5S活動を成功させるためのポイント

取組みのステップとポイント		
①	5Sの考え方・意味を理解しよう	5S（整理・整頓・清掃・清潔・躾）の考え方、5Sで使われるそれぞれの言葉はなじみのあるもので、読まずに理解した気になっていることも多いです。5Sの意味を理解しましょう。
②	要改善項目を洗い出しリスト化しよう	事業所内を見渡し、5Sの視点で改善が必要な場所を洗い出してリスト化します。意外に多くの要改善項目があることに気づき驚くでしょう。
③	"誰が""いつまでに""何を"するのか決めよう	改善を進めるには、リスト化した要改善項目について、誰がいつまでに改善するか決める必要があります。気づきをプロジェクトメンバーで検討し、取り組む内容を決めましょう。最初からすべてに取り組む必要はありません。優先順位を付け、実施しやすそうなものから、一つずつ順番に取り組んで構いません。
④	①要らないモノを廃棄、②機能を考えモノを配置、③美しく整える	ステップ②③で決めた内容に従って、まずは要らないものを捨てることから始めましょう。次に、機能や見映えを考え配置します。最後に、定期的に点検するなどその状態を保つための工夫について検討しルール化しましょう。

Ⅲ－⑤－2　整理＝徹底して捨てる

5Sにおける第一段階の整理は、準備段階で不必要なものと分類されたものを捨てる作業から始まります。例えば、保存期限を過ぎた書類を捨てる。重複している書類を捨てる。職員が独自に使っている書類を捨てる。パソコンに保管されている不要なメールや、ファイルを捨てる、などです。

また、長期間使わないものは、保管庫に移動させます。その後、再確認して不要なものは捨て、現場には今使うもの以外は置かないことを徹底します。これによって、効率的に仕事ができるようにします。判断に迷う書類や使う頻度が極端に少ない書類は、別管理として通常の書類関

係から外します。

　この作業に取り組んでいる間は、一月ごとに保管場所を撮影して、ビフォーアフターの明確化を行います。これを職員に定期的に公開することで、一目で進行状況と効果が見える化できます。そうすると、士気も上がります。

　このように、整理は捨てることです。今、必要なものだけにする。いらないものは思いきって捨てる。すぐに使わないものは遠ざけて保管する、ということです。

◎　紙媒体の整理のポイント
① 業務フローごとに、どのような紙書類が作成されているかを確認する
② アウトプットされた書類を見える化して、なくせないか、止められないかを検討する
③ 重複する書類や職員が独自に作成した書類は、他の書類と一緒にする、もしくは他の書類に置き換えるなどで取りまとめて、業務の単純化を検討する

◎　電子媒体の整理のポイント
① パソコン内の不要なデータはこまめに廃棄する（ただし、うっかり廃棄に注意して、一定期間はパソコン内のゴミ箱に移動することとする）
② 仕掛中のファイルはデスクトップに置く。使用中は共有フォルダに移動して保管し、業務が終了したら一定期間規定のフォルダに保存し、保存期間が終了したら削除する
③ 紙媒体は、可能な限りスキャンしてPDFファイルに電子化し、紙の書類は廃棄する
④ 誰でも短時間で必要書類の検索ができるように、ファイル名、検索ワード、フォーマットなどを共通のルールを決め

る。職員が勝手に独自のフォルダを作らないようにチェック
　　　機能を設ける
　⑤　電子媒体での保存に関しては、電子帳簿保存法、e-文書
　　　法、介護保険法などに則った保存方法とする
　⑥　タイムスタンプなどでファイルの使用状況を確認して、定期
　　　的に不要なEメールの整理、整頓を実施して、サーバーの
　　　ストレージ容量を空ける
　⑦　印鑑の廃止、電子契約、電子認証の活用などを進める
　⑧　電子化と並行して、情報セキュリティの強化に務める
　⑨　テレワーク環境を整備することで在宅ワークも推進する

Ⅲ-⑤-3　整頓＝使いやすさを追求する

　第二のステップとなる整頓の基本は、定置・定品・定量です。後で探す手間を省くために、いつも決まった位置に同じものを置き（定置、定品）、その数は、いつも決められた数にします（定量）。

　紙ベースの書類の場合は、書類の綴じ方に関するルールを定め、そのルールに従って利用者の個人ファイルに書類が綴じられるようにします。ファイル書類の保管期間も、法令で定められた保存期間を確認の上、ファイルに綴じておく期間に関するルールを定めて期間を過ぎた書類は外します。外した書類を保存期間が終了するまで置いておく場所も、定位置を決めておくとよいでしょう。これによって、誰でも書類を取りやすくなります。

　書類以外では、例えば、車椅子の置き場に白いテープを床に貼って一台ずつ一定間隔で置くことができるようにするなど、定置、定品を徹底します。その上で、清掃・清潔・躾を実施して、習慣化していきます。

　整頓は、何をどこに置くかを決めておく。誰でもわかるように表示をする。ラベルを貼る、という作業です。乱雑に散らばっているものをきれいに並べ直すだけでは駄目で、不要なものをそこから退ける作業も含

まれます。必要なものだけを並べて、その内容やルールを、シールを貼ったり、ラベルを付けたりして、わかりやすくしておくことです。

◎　整頓のポイント
・整頓は、陳列（見た目できれいな配置）ではないことを理解する
・常に保管するものを最小化する
・定置、定品、定量の3定を徹底して実行する
・誰でもわかる、取り出せるようにラベルなどの表示を徹底する
・置き場所や保存内容は、表示板、看板で表示する（収納棚に、収納物の物品表示を貼るなど）

◎　紙媒体の整頓のポイント
①　書類をグループ分けする
②　書類を、職務分掌、業務分掌で把握する
③　書類やファイルの保管方法、置き方、見出し、背表紙、ファイリング方法、表示方法などを、見やすいように工夫する

Ⅲ－⑤－4　清掃＝使いたいものがすぐに正しく使えるようにする

　使いたいものが、いつでも、すぐに使えるようにします。例えば、職員が持ち回りで清掃する中で、ルール以外のものが置いてあったり、不要と思われるものがあったりしたら、その場で片付けておくことをルール化します。
　また、後回しをなくします。今日は忙しくて疲れたから書類を置きっぱなしで帰る、とかは一切認めません。自分の周りを整理整頓して、使ったものを元に戻して帰る。仕事は中途半端にやらない、ということです。日々、自ら整頓して清掃時に異常の点検もします。
　この実施を徹底して、常に整頓されている状態を保ちます。

> ◎ 清掃のポイント
> ・清掃を全員参加で日常化する
> ・乱れのもととなる発生源を特定して、その箇所に対策を施す
> ・後回しをなくして、仕事が終わったらその場で片付ける習慣をつける
> ・仕事を中途半端で終わらせず、終了の区切りを明確にする

Ⅲ-⑤-5　清潔＝小さな乱れもわかるように維持する

　身の回りが乱れていると、小さな乱れはその中で埋もれてしまうため、常に、小さな乱れがわかるように清潔感を保ちます。

　例えば、帰宅時は机の上には何も置かないようにします。これは、夜勤者がチェックします。在宅サービスの場合は、朝の出勤時にチェックします。

　清潔を保つことは、感染予防の上でも重要です。安全と感染予防のための基本行動としても、清潔を維持します。

> ◎ 清潔のポイント
> ・汚れや乱れが、小さい状態にうちに対処する
> ・状態、状況が誰でも一目でわかるようにする
> ・帰宅時は、机上にものを置かないなどを徹底する
> ・夜勤者が点検・チェックするなどして、お互いに注意し合う

Ⅲ-⑤-6　躾＝習慣化する

　習慣化するためには、まず、トップ自らが模範を示してください。躾の基本は、挨拶、お辞儀、お礼です。身だしなみ、挨拶、報告連絡相談、時間管理などを含めて、習慣化していくことが大事です。そうする

ことで、非常に行動もシンプルになりますし、わかりやすくなります。その上で、一目でわかるような作業プロセスを構築して業務標準書を作成します。

> ◎ 躾のポイント
> ・トップ自ら模範を示すことが大切
> ・ルールや規律を、すべての職員に明確にする
> ・ルールが乱れた場合、その原因を徹底的に追及する
> ・挨拶やお礼、お辞儀は一番の基本ということを共通理解にする

Ⅲ-⑤-7　その他

　業務改善の方向性が固まって、ICT機器の導入が解決策として有効そうだということが見えきたら、ICTの機材ごとにプロジェクトチームを組むことも検討します。

　改善行動の委員会やプロジェクトチームは、5S活動やICT導入等をしたら終わりではありません。その改善策が計画どおりの効果をあげているかを定期的に確認して、検証するための組織でもあります。検証の結果、問題が発覚した場合には見直しや修正を加えていきます。

　すなわち、委員会やプロジェクトチームは、パーマネントな組織として存続し続けるということです。

■Ⅲ-⑥　「職員が楽になった実感」を重ねるとICT化は成功する

　このように、現場サイドでの日常業務の見直しから、生産性向上がスタートします。結果としてICT化が有利と判断される業務では、ICT化を推進します。このとき、上からの押付けではなく、現場で何が問題かに正面から向き合う必要があります。業務改善では、現場目線がない

とうまくいきません。一気に改革することは求めずに、しっかりとステップアップしていくことが成功のポイントです。

例えば、コロナ禍の影響で対面型の研修が減りオンライン型に変わりました。自分の好きな時間に研修を受けられるようになり、確実に職員は研修の受講が楽になりました。

改善行動の目的は、ケアの質の向上であり、職員の生産性向上です。ICT化の成果は、職員の方々が楽になった、仕事がしやすくなったという実感があって初めて成功と言えます。

そのためには、現場でどんな課題があるのかを把握・分析し、改善方法として5S活動やICT化を検討し、根気強く、繰り返し実施して、検証して、見直すことで、バージョンアップしていくことが求められます。

● 図表7－9

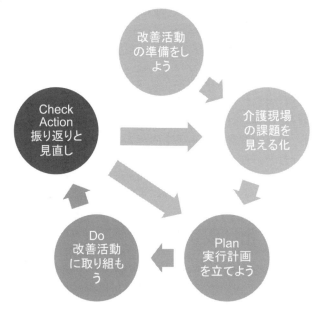

Ⅳ　ICT化による生産性向上の進め方

■Ⅳ-①　ICT化が進まない理由と職員の高齢化の原因

　介護現場には、ベテラン職員を中心に「自分たちの施設、事業所は高齢化が進んでいて、コンピューターとかの導入は難しい」「私は紙のほうが安心するんです。パソコンに入れたデータが消えたらどうするんですか？元に戻せませんよ」など、ICT化ができない理由が蔓延しています。施設内に入るとスマートフォンのアンテナが立たなかったり、Wi-Fi環境がなかったりする施設もあります。

　しかし、私はパソコンが苦手だ、タブレットが苦手だというベテラン職員が、空き時間にスマホでお孫さんとLINEでやり取りしていたりします。つまり、できない理由を言って進んでやろうとしないだけです。

　一方、介護労働安定センターの『令和4年度 介護労働実態調査結果』（図表7－10）によると、介護労働者の平均年齢は50.0歳で若い方の雇用が進んでいません。また、若い方が入ってもすぐ辞めてしまうという声も年々、大きくなっています。これは、本当に大きな問題です。

● 図表7－10 【労働者】年齢階級（職種別）

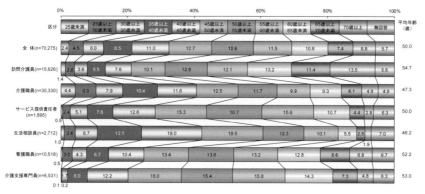

(注)資料編P101 表Ⅴ－1(2)②参照

出典：介護労働安定センター「令和4年度 介護労働実態調査結果」

　介護現場でICT化が進まず紙ベースの業務になっていることと、介護現場の若返りが進まない理由は無縁ではありません。学校教育の段階からデジタル環境で育ってきた若い職員には、ネット環境がぜい弱で紙ベースで業務が行われている職場環境は、大きなストレスとなります。そのため、すぐ辞めてしまうのです。これは、平均年齢が若い施設ではICT化が進んでいる、という共通点からもうかがえます。

　職場環境は、ベテラン職員に合わせてはダメなのです。これから若くて優秀なスタッフを確保したいのであれば、パソコンやタブレットの設置は充実しておかなくてはいけません。Wi-Fiもしっかりと通じるようにしておく。最低限、これをやらないと人は来ないし、やめてしまうということです。本当に重要なキーワードです。

　介護現場の若返りのキーワードは、ICT化にあるということです。

246　第7章　職場環境等要件を満たすための「生産性向上」の進め方

Ⅳ-② 介護ロボットや見守りセンサーだけがICT化ではない

　ICT化というと、介護ロボットや見守りセンサー、インカム、介護記録ソフトの導入などがイメージされがちですが、日常の業務から３Ｍをなくすことができる ICT 化の手段は、このような機械装置の導入だけではありません。

● 図表 7 − 11　介護福祉機器の導入や利用についての課題・問題（複数回答）（介護保険サービス系型別）

(％)

	回答事業所数	導入コストが高い	設置や保管等に場所をとられてしまう	清掃や消耗品管理などの維持管理が大変である	投資に見合うだけの効果がない（事業規模から考えて必要ない）	技術的に使いこなせるか心配である	どのような介護ロボットやICT機器・介護ソフトがあるかわからない	誤作動の不安がある	介護現場の実態に適う介護ロボットやICT機器がない、現場の役に立つものがない	ケアに介護ロボットを活用することに違和感を覚える	その他	課題・問題は特にない	無回答
全　体	8,632	47.1	24.5	22.5	22.4	20.2	17.3	14.9	9.0	5.5	1.3	9.4	24.8
訪問系	2,528	38.8	21.6	19.6	23.7	18.5	16.9	15.5	10.9	4.7	1.5	11.7	27.9
施設系（入所型）	1,291	64.8	24.3	28.2	13.4	27.1	15.6	15.2	6.0	4.4	1.3	4.6	16.7
施設系（通所型）	2,667	51.5	29.6	25.7	30.4	19.7	19.5	15.9	10.5	6.7	1.2	7.6	20.4
居住系	984	55.2	32.0	26.5	18.9	26.2	20.9	17.0	6.5	7.0	1.0	5.9	19.4
居宅介護支援	766	22.5	9.0	10.1	12.1	10.7	9.9	7.2	5.0	3.4	1.8	17.8	46.5

(注)資料編P60 表Ⅲ−3(4)参照

出典：介護労働安定センター「令和４年度 介護労働実態調査結果」

Ⅳ-②-1　ICレコーダー×生成 AI による文字起こし

　例えば、ケアマネジャーのサービス担当者会議とか介護施設職員のカンファレンスなどでは議事録を作成します。紙の記事録メモを作成しておき、データを保存しておくために別に議事録を入力し直す方法だと、担当者は複数回にわたって議事録作成業務を行わなければなりません。

ところが、IC レコーダーやスマートフォンのボイスレコーダー機能と生成 AI の ChatGPT-4o と連動させると、録音したものがアプリを通じて瞬時に文字起こしされ、数分で全体を要約して議事録まで作ってくれます。文字起こしの精度がかなり上がったとは言え完璧ではありませんので、若干の手直しは必要になりますが、非常に時間の短縮効果は高いと言えます。

Ⅳ-②-2　電話の AI 代行サービス

　また、電話の AI 代行サービスなども増えて来ました。電話をすると、まず AI が答えて、例えば「商品のお問い合わせは 1 番を、配送のお問い合わせは 2 番を押してください」といったアナウンスが流れます。そして用件を話すと、AI が自動的に定例的な回答をしてくれます。担当でなくては対応ができない用件のみ、担当者に回すというシステムです。

　このように職員が必要な電話だけ対応すればよい状態を構築することで、営業絡みの電話も排除できます。AI に利用者家族の電話対応をさせるのは失礼だとの意見もありますが、時代が変わりつつあることを認識すべきです。

Ⅳ-②-3　バイタル測定器

　朝のバイタルチェックも、例えばデイサービスでは送迎車から降りた利用者一人ひとりに看護職員が熱と血圧を測って結果を紙にメモし、後で集計表に転記した上で、パソコンに打ち直す、といった非効率なやり方が残っています。介護施設における朝の各居室の巡回も、何重ものプロセスを辿っているところがあります。

　この作業効率を改善する機器として、バイタル測定器があります。これは非接触型のオキシメーターで、利用者の額に近付けると自動的に熱とか血圧を測ってくれます。測るだけではなく、自動的に記録ソフトにデータが送られる機能が付いている機器もあり、自動的に転記されますので、職員が行う作業は、利用者の額にこの測定器を近付けるだけで

す。まだ発展途上で価格帯はそれなりのようですが、実際に導入している介護施設では、職員からバイタルチェックの作業が楽になったと好評のようです。

　例えば、これら3つの機器のうち1つを導入するだけでも、時間効率はかなり改善されるでしょう。これらも、ICT化の一つです。

Ⅳ-④　ICT化のプロセス

　ICT化のポイントは、生産性向上委員会で日常的にやっている仕事の流れを確認して、二度手間三度手間となっている部分をピックアップすることから始まります。これはちょっと無駄だよね、ここの待ち時間が長いよね、といった業務プロセス上の課題、問題点などを可能な限りすべてピックアップしていきます。

　そして、他の改善方法よりもICT化が有効と判断されたものについて、緊急性を要する課題や現場での受入れが望まれているものから順に、毎期毎期、階段を登るように計画的に導入していきます。一気に導入することは現場での混乱を招くだけです。なぜなら、現場は仕事のプロセスの変革を望まないからです。仕事のオペレーションを変える必要があるICTの導入は、時間をかけて慎重に進めるべきです。

Ⅳ-⑤　厚生労働省が生産性向上を進める理由

Ⅳ-⑤-1　介護人材の不足と電子申請への移行

　政府が生産性向上を進める理由は、介護の仕事そのものは人でないとできないにもかかわらず、労働人口が年々減少し、学校を卒業して就職する若年層が減り続けているからです。厚生労働省の試算では、2040年には69万人もの介護職が不足するともいわれています（図表7-12）。

人手が足りないと、介護の質がどんどん落ちてきます。より少ない人数での介護事業運営を可能にするためには、例えば、記録を書く、勤務シフトを決める、介護計画を作る、もしくはカンファレンスの議事録を作るといった間接的な事務作業をICTやAIに置き換え、職員の業務から外してあげる必要があります。そうすることで職員が利用者に接する時間を増やすこともでき、結果としてより良いサービスの提供につながります。生産性向上、テクノロジー、ICTの活用で大きな効果が出ることは、これまでに検証されています。

　これが、生産性向上の目的であり、考え方です。しかし、ICTを入れるだけでは何もできません。ICTを入れるとともに、仕事の流れとか書類の様式の工夫とか、オペレーション等を変えていく必要があります。現場のオペレーションとシステム設計の双方が歩み寄る必要があるわけです。

● 図表7－12

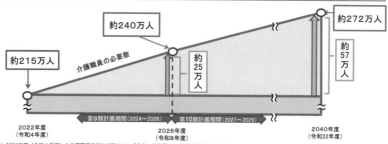

厚生労働省「第9期介護保険事業計画に基づく介護職員の必要数について」

そのために、厚生労働省は伴走支援という形で、フォローシステムを介護事業者に提供しています。しかし、ケアプランデータ連携システムですと、導入している事業所は5％程度で誰も使っていないと言っても過言ではありません。今後、どう活用していくのかという問題があります。

　そのような中で、2025年度までにすべての自治体の諸手続きは電子申請に移行します。現在は主に紙で印刷した書類を役所に郵送している、許可（指定）申請、変更届、加算の体制届、処分改善加算計画と実績報告書などの手続きがすべて電子申請に変わります。

　つまり、インターネットやWi-Fiにつながったパソコンがなければ仕事が進まないこととなります。また、パソコンが事業所に一台しかないといった状況では仕事が渋滞してしまいます。ある程度、パソコンやインターネット設備に投資をしていかないとこれからは業務が回りません。

Ⅳ-⑤-2　介護情報基盤の整備

　厚生労働省は、2024年6月からスタートした医療DXに続いて、介護情報基盤（**図表7－13**）を整備することで介護DXを進めていこうとしています。このため、介護業務において紙ベースでやり取りされる、主治医の意見書、介護保険被保険者証、負担限度額割合、ケアプラン、利用表と提供表などを電子データとして集約することを進めています。

　介護情報基盤が構築されると、利用者はマイナポータルサイトを通して国民健康保険連合会が構築するデータシステムにアクセスし、介護保険被保険者証の情報、要介護認定情報、住宅改修手続情報、ケアマネジャーのケアプラン、利用表、提供表、LIFEのフィードバック票といったデータを、マイナポータルサイトを通して見ることができます。また、かかりつけ医、担当介護サービス事業者もこのサイトを通して情報を取ることができます。システム等を通して情報を連携し、すべての業務をネット上で完結させることが目標です。これが介護DXです。

介護保険被保険者証も、マイナンバーカードと一体化される予定となっています。今は利用者の介護保険被保険者証を借りてコピーしてファイリングしている事業所がほとんどですが、マイナンバーカードと一体化されると事業所でカードリーダーを設置して読み込み、パソコンやタブレット画面で確認して電子データで保管する形へと変化し、介護情報基盤の整備後は、カードリーダーがないと介護保険被保険者証を読むことができないということになります。

　国は、こういう形でのペーパーレス化を進めていく、という方向を示しています。2026年4月1日スタートを目指すという案も示されており、早ければ2026年度から施行される見込みだということです。そうすると、介護保険被保険者証を含めて多くの書類が電子データとなり、インターネットを介した情報のやり取りに変わることになります。

　介護事業者は、インターネット環境を整備し、Wi-Fiも施設全体で使える環境が理想と言えます。また、パソコンやタブレットといった情報端末の必要台数の設置が必要です。

　当然、資金が必要になりますが、ICT補助金やIT補助金を活用して、今から毎年少しずつ設置を進めましょう。一度に設備投資を行うと、資金繰りが大変なことになります。

　また、マイナンバーカードを取り込むためのカードリーダーも必須です。インターネットを介しての業務を行うことによるセキュリティ対策も必要です。コンピュータウイルスとかランサムウェア、すなわち、外部からのパソコンなどへの侵入や乗っ取り対策です。ICT化とともに、セキュリティ対策も同時に進める必要があります。これは、現時点でも急務です。

● 図表7－13

介護情報基盤と情報の流れのイメージ（令和8年度以降）

- 国保中央会において新規開発をする介護情報基盤を中心に、既存システムも活用した全体構成として検討を進めている。
- 介護情報基盤の情報を、利用者、自治体、介護事業所、医療機関がそれぞれ連携・閲覧する。

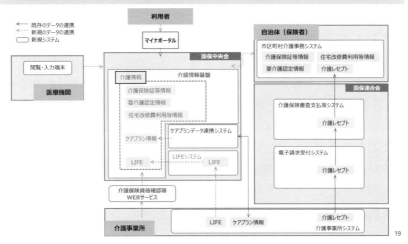

（出典）厚生労働省社会保障審議会介護保険部会第113回資料

IV　ICT化による生産性向上の進め方

著者略歴

小濱　道博（こはま　みちひろ）
小濱介護経営事務所代表

北海道札幌市出身。全国で介護事業の経営コンサルティング、コンプライアンス支援を手がける。近年は、全国の介護保険施設にてBCP作成および生産性向上コンサルティングを中心に活動。多くの支援実績を有する。介護経営セミナーの講師実績は、北海道から沖縄まで全国で年間250件以上。個別相談、個別指導も全国で実施。全国の介護保険課、介護関連の各協会、社会福祉協議会、介護労働安定センター等主催の講演会での講師実績も多数。C-MAS介護事業経営研究会 最高顧問、C-SR一般社団法人医療介護経営研究会専務理事なども兼ねる。著書の多くは、Amazonなどでベストセラーとなっている。専門誌への連載、寄稿も多数ある。

藤原　英理（ふじわら　えり）
あおば社会保険労務士法人　代表社員
特定社会保険労務士　ファイナンシャルプランナー（CFP®、ＦＰ技能士１級）
1987年大学院修了後、大手製薬会社にて研究職に従事。その後、米国滞在を経て、大手証券会社入社。社会保険労務士、CFP取得後、社会保険労務士・FP事務所を設立、2004年に社会保険労務士事務所を、あおば社会保険労務士法人として法人化。（現在、静岡県三島市・東京都港区・大阪府大阪市・神奈川県横浜市の4拠点）。約650社（内、約3割は福祉・介護のお客様）のコンサルティング（就業規則・評価制度・賃金制度・新規上場支援等）、人事・労務相談、労働社会保険事務、セミナー、年金相談等に応じている。講演、セミナー、DVD、寄稿、共著実績多数。C-SR（一般社団法人医療介護経営研究会）実務顧問も兼ねる。

ダウンロード特典利用方法

本書に収録している図表データの一部を、下記の手順でダウンロードのうえ、ご利用いただくことができます。
データのダウンロードに必要な環境等をご確認のうえ、ご利用ください。

手順❶

日本法令のホームページ（https://www.horei.co.jp/）にアクセスし、上部中央にある「商品情報（法令ガイド）」をクリックします。

手順❷

右下の「出版書」のコーナーの、「購入者特典：書籍コンテンツ付録データ」の文字をクリックします。

手順❸

ご利用いただけるファイルの一覧が表示されますので、お使いのものを選んでファイルを開くか、またはデータを保存のうえご利用ください。

ダウンロードするデータのファイルごとにパスワードが設定されています。ファイルを開こうとするとパスワードの入力を求められますので、「kasan2025」を入力して開いてください。

【ソフトウェア要件・ハードウェア要件】
●ソフトウェア
　OS環境：Windows7日本語版/8日本語版/10日本語版
　ブラウザー：Microsoft Edge、Google Chrome
　Microsoft Word 2007、2010、2013、2019
　Microsoft Excel 2007、2010、2013、2019
●ハードウェア
上記OSおよびハードウェア環境
作成印刷する書式の用紙サイズに対応したプリンタ

【使用承諾】
万一本書の各種データを使用することによって、何らかの損害やトラブルがパソコンおよび周辺機器、インストールみのソフトウェアなどに生じた場合でも、著者および版元は一切の責任を負うものではありません。このことは、各ファイルのダウンロードを選択した際のメッセージが表示されたときに「開く（O）」または「保存する（S）」を択した時点で承諾したものとします。

毎月第3金曜日 13：00～15：00 開催!! 本書の著者も講師として登壇!!

令和7年度 介護事業所経営コンサルティング研究会【介護ゼミ】

介護職員等処遇改善加算に関する最新情報のほか、介護事業所を支援する専門家として押さえておくべき改正動向や対応実務なども網羅的に押さえられるカリキュラムとなっています。

※Zoomウェビナーを利用して開催します。各回とも開催日前日にご参加のための招待URLをお送りします。
※ライブ配信時にご覧になれなかった場合も、録画配信を視聴することができます（視聴可能期限つき）。

右のQRコードを読み取ると、詳細情報・お申込みページが開きます

最新
介護職員等処遇改善加算を最大限活用する
評価・賃金制度設計の実務　　　　令和7年2月20日　初版発行

		検印省略
著　者	小　濱　道　博	
	藤　原　英　理	
発行者	青　木　鉱　太	
編集者	岩　倉　春　光	
印刷所	星野精版印刷	
製本所	国　宝　社	

〒101-0032
東京都千代田区岩本町1丁目2番19号
https://www.horei.co.jp/

（営　業）　TEL　03-6858-6967　　Eメール　syuppan@horei.co.jp
（通　販）　TEL　03-6858-6966　　Eメール　book.order@horei.co.jp
（編　集）　FAX　03-6858-6957　　Eメール　tankoubon@horei.co.jp

（オンラインショップ）　　https://www.horei.co.jp/iec/
（お詫びと訂正）　　　　　https://www.horei.co.jp/book/owabi.shtml
（書籍の追加情報）　　　　https://www.horei.co.jp/book/osirasebook.shtml

※万一、本書の内容に誤記等が判明した場合には、上記「お詫びと訂正」に最新情報を掲載しております。ホームページに掲載されていない内容につきましては、FAXまたはEメールで編集までお問合せください。

・乱丁、落丁本は直接弊社出版部へお送りくださればお取替えいたします。
・ JCOPY 〈出版者著作権管理機構　委託出版物〉
　本書の無断複製は著作権法上での例外を除き禁じられています。複製される場合は、そのつど事前に、出版者著作権管理機構（電話 03-5244-5088、FAX 03-5244-5089、e-mail: info@jcopy.or.jp）の許諾を得てください。また、本書を代行業者等の第三者に依頼してスキャンやデジタル化することは、たとえ個人や家庭内での利用であっても一切認められておりません。

Ⓒ M. Kohama, E. Fujiwara 2025. Printed in JAPAN
ISBN 978-4-539-73088-1

続々リニューアル！ 主要 SJS 1

SJS会員限定動画
随時更新

社労士業務に役立つ情報をタイムリーに提供できるよう、予告なしで動画コンテンツにて提供します。ご視聴には、メールマガジンでご案内しているID・パスワードの入力が必要となります。

社労士業務必携シート
2024年10月 新書式追加！

6訂版まで版を重ねた名著『社労士業務必携マニュアル』をデータ化！1項目ごとにWordファイルでまとめたため、必要項目を刷りだしてファイリングしたり、タブレット等を利用して顧客に説明したりする際にとても便利です。全111シート、順次更新！
（監修・制作　村中一英）

厚生労働省最新資料（労働・雇用・派遣・年金・医療保険等）
毎週更新

厚労省から毎日のように公表される莫大な資料のうち、社会保険労務士の実務に影響の大きなものを抽出して掲示しています。

社労士事務所だより（記事・ひな形）の配信
毎月更新

季節にあわせた数種類の事務所だよりのひな形と、タイムリーな記事10本を更新しています。ひな形と記事を選んだら、あとはお好みで貴事務所の案内を載せる等ご自由に作成いただけます。（A4判・B5判のWord文書形式）

就業規則・労務書式バンク
2024年11月 新書式追加！

写真の各書籍の就業規則・各種規程の条文データおよび、労務書式（労働条件通知書、社内書式、契約書）がダウンロードできます（労務書式は順次追加予定）。

業務関連ニュースを満載したメールマガジン『SJS Express』
毎週配信

社労士業務や人事・労務関連業務に影響のある最新ニュース、法改正情報、厚労省関連情報、当社の新商品、セミナーのご案内等をいち早くお届けします（原則として週一回配信）。

SJS Hot Topics
毎日更新

①法律・政省令・通達等の改正動向や手続きの最新情報、②労務関連施策の動向やパブコメ情報、③パンフレット・リーフレット等の最新情報を、コンパクトなニュース記事としてほぼ毎日提供しているSJSオリジナルコンテンツです。

未払い残業代リスク簡易診断システム

これまでの未払い残業代請求訴訟の傾向を踏まえた4大リスクに着目した質問に答えると、自動的に発生していると考えられる未払い残業代が算出されます。印刷・保存が可能なので、そのままコンサルツールとして利用できます。

私がSJSをお薦めする理由

畑中 義雄 先生（有限会社人事・労務）

利用頻度が高いのは、やはり書式や規程のひな形です。人事の基本的な書式などは自分のストックの中にありますが、社内告知文書や社外への要望書など、人事や管理部門で必要な文書などが、シンプルな形で多くあるので、アレンジしてすぐに使うことができます。労働判例のデータベースで過去の判例が検索できるのも助かっています。

5大サービス

これだけ使えて 2,520円/月（税込）

＜ベーシック会員・プレミアム会員共通＞

営業・業務支援ツール　2024年10月 新書式追加！
社労士業務に必要な業務書式や営業用書式などを Word, Excel, PowerPoint 等のデータで提供しています。

社労士事務所募集・採用支援ツール　随時更新
①事務所の魅力を確認する質問リスト、②正社員募集文例、③パート・契約社員募集文例、④事務所の魅力アピール文例、⑤応募者対応メール文例、⑥面接者用マニュアル、⑦リファラル採用関連規定＆書式、⑧ジョブリターン採用関連規定＆書式を提供。

ビジネス書式・文例集　随時更新
社労士業務、人事・労務管理業務に必要な各種申請・届出様式や、ビジネス文書・契約書・内容証明等がダウンロード可能(Word,Excel,PDF形式。収録書式:2,000以上)。

労働判例データベース　随時更新
SJS会員サイトから第一法規株式会社提供の判例データベース『D1-Law.com 判例体系（労働法）』に接続し、労働にかかわる1万4,000件以上の判決文を検索できます。フリーワード検索ほか各種検索機能が充実しています。

ビジネスガイド Web 版　毎月更新
毎月10日の発売日より前に PC、タブレット、スマートフォンで読むことができます。2002年以降の2万ページ以上のすべてのバックナンバー記事（PDF形式）に加え、Web 版のみに掲載されている掲載記事関連情報の閲覧もできます。
記事タイトルや著者名といったキーワードから検索して読みたい記事を選ぶことができます。

実務解説動画　随時更新
日本法令実務研究会（○○ゼミ）の、初回1時間分を無料でご視聴いただけます（対象となるゼミの詳細は、会員サイトにログインしてご確認ください）。レジュメ（PDF データ）もダウンロードすることができます。

ビジネスガイド定期購読（1年間）　毎月お届け
多くの社会保険労務士、企業の人事・労務担当者にご愛読いただいている実務誌『ビジネスガイド』の最新号を毎月お届けします。
労働・社会保険の手続きに関する改正情報、人事・労務に関する裁判例の動向、法改正で必要となる就業規則の見直し方法、助成金・奨励金の新設・改廃情報、人事・賃金制度の設計実務など、幅広い情報を掲載しています。

プレミアム会員限定サービス

年に3回セミナー（動画）受講するなら絶対お薦め！

さらにこれだけ使えて 7,012円/月（税込）

オンラインストレージサービス　法令ドライブ
顧客や貴事務所の重要書類を安全、確実に保管・受渡できる（最大999件の共有フォルダ作成可。フォルダごとの ID・パスワードの発行、アクセス権限の設定可）サービスです。

セミナー＆セミナー動画商品の無料受講【3回分】
日本法令主催の実務セミナーのうち、お好きなものを選んで会員期間のうちに3回、無料で受講できます。お申込み時点で未開催のセミナーに加え、開催後に見逃し配信中のセミナー動画＆レジュメセット商品からもお選びいただけますので、対象商品は優に100を超えます（一部対象外のセミナーもございます）。

開業社会保険労務士専門誌『SR』Web 版　2・5・8・11月更新
最新の法令・実務を踏まえたコンサルティング、業域拡大・新規獲得による営業拡大、事務所経営に関する情報とノウハウが満載の季刊『SR』が、バックナンバーを含め創刊号から10,000ページ以上の記事をすべて読むことができます。
記事タイトルや著者名といったキーワードから検索して読みたい記事を選ぶことができます。

ミニセミナーアーカイブ＆プレゼンレジュメ　随時更新
会員限定 Web ミニセミナーの過去分を視聴できます。また、社労士にとってよくあるプレゼンテーション用のレジュメデータが利用できます。

諸星 裕美　先生（オフィスモロホシ社会保険労務士法人）

新着記事では、すぐに具体的な内容にアクセスできるので、とても助かります。また必要な書式の参考例を入手できたり、欲しいと思える書籍も割引になるなど恩恵を受けています。送られてくるビジネスガイドは、事務所全員に回覧するようにし、業務に必要な号は必要に応じて、自分の手元に置くなどして、常に参考とするようにしています。

私がSJSをお薦めする理由

だけじゃない！！　会員特典・お申込方法等の詳細は https://www.horei.co.jp/sjs/ をご覧ください

関連商品のご案内

介護サービス事業者 経営情報の報告義務化 対応ハンドブック

小濱道博・本島 傑 共著
A5判・224ページ
定価3,080円（税込）

介護サービス事業者の会計の区分、報告すべき情報の内容や単位、またシステムへの報告のしかたなどをわかりやすく解説。また購入者特典として、システムへの入力方法を解説したセミナー（2024年12月24日開催）の録画をご視聴いただくことができます。

介護事業所の 賃金制度見直し の実務 【V245】

藤原英理　著
DVD-ROM・収録時間　約150分
定価13,200円（税込）

介護事業所の賃金への問題解決のため賃金制度の見直し方について、中小の介護事業所が抱えているよくある問題点（1.基本給が低く、諸手当が多い　2.人件費率が高い　3.介護職と他職との賃金バランスが悪い　4.非常勤の昇給ができない）について、具体例を用いながら解説しています。

お求めは、弊社通信販売係またはお近くの大型書店、Web書店へ。
TEL：03-6858-6966　FAX：03-6858-6968　e-mail：book.order@horei.co.jp